**마흔에
깨달은
인생의
후반전**

마흔에
깨달은
인생의
후반전

펴 낸 날   2025년 1월 15일 초판 1쇄

지 은 이   더블와이파파
펴 낸 이   박종천
책임편집   김현호
책임미술   롬디
마 케 팅   이경미, 박지환

펴 낸 곳   모모북스
             경기도 파주시 지목로 89-37 (신촌로88-2) 3동1층
             전화 010-5297-8303 02-6013-8303 팩스 02-6013-830
             등록번호 2019년 03월 21일 제2019-000010호
             e-mail pj1419@naver.com

ⓒ 더블와이파파, 2025
ISBN 979-11-90408-68-4 03190

- 책값은 뒤표지에 있습니다.
- 잘못된 책은 구매하신 곳에서 교환해드립니다.
- 모모북스에서는 여러분의 소중한 원고를 기다립니다.
  투고처: momo14books@naver.com

마흔의
길목에서
예순을
만나다

마흔에
깨달은
인생의
후반전

더블와이파파 지음

모모
북스

대부분의 사람은 주어진 인생을 살아갑니다. 학교를 가고, 취업을 하고, 결혼을 하고 살아갑니다. 그런데 마흔쯤이 되면 '이렇게 사는 것이 맞나?'라는 생각을 하게 됩니다. 이유는 다양합니다. 지친 회사 생활일 수도 있고, 경제적인 위기일 수도 있으며, 해고의 위협일 수도 있습니다. 이렇듯 마흔은 실존이 흔들리는 나이입니다. 이 책은 당신의 마흔에 따뜻한 위로와 용기를 건네는 책입니다. 당신의 마흔이 단단해지면 당신의 향후 40년도 더 단단해질 것입니다. 이 책이 당신의 마흔에 선물이 되어줄 것입니다.

- <부의 통찰>, <부를 끌어당기는 글쓰기>, <마흔, 이제는 책을 쓸 시간> 저자
부아c

이 책을 읽은 순간 삶에 대한 두려움은 사라지고 희망이 뭉게구름처럼 피어납니다. 예순은 마흔에게 균형을 가르치고, 마흔은 예순에게 방향을 제시하는 책이자, 세대 간 연결을 넘어 서로의 인생을 풍요롭게 만들어 주는 처방전이 들어 있습니다. 저에게 인생 지침서가 될 만한 책을 한 권 소개해 달라고 하면, 단 일 초도 망설임 없이 '마흔에 깨달은 인생 후반전' 이 책을 권할 것입니다.

- <내 인생 쨍하고 해뜰 날>, <세 번째 스무 살 제대로 미쳐라> 저자
담서제미(이명숙)

'인생에서 터닝 포인트가 있으신가요?, 당신의 트리거는 무엇인가요?' 누군가 저에게 이런 질문을 한다면, 저는 주저 없이 말하겠습니다. 바로 이 책의 '저자와의 만'남'이라고요. 이제 예순이 되어 마흔의 시간을 되돌아봅니다. 그때의 선택과 깨달음이 오늘의 삶을 풍요롭게 만들어 주었기 때문입니다. 마흔의 지혜와 통찰이 예순의 삶을 빛나게 했다면, 그 시작은 바로 이 책에서 비롯되었을 것입니다. 그래서 이 책을 추천합니다. 당신의 터닝 포인트가 되어줄 한 권의 책으로요.

- 예순의 1호 슈퍼팬, 블로거 **얼룽너머(송연옥)**

마흔은 '흔들리지 않는다'는 뜻의 불혹(不惑)의 나이라고 합니다. 하지만 우리가 흔들리지 않기 위해서는 때로는 작은 깨달음이 필요합니다. 어느 날, 키오스크 앞에서 머뭇거리시는 어르신을 보고 도움을 드릴 수 있음을 알게 되는 순간, 저자는 삶의 방향과 믿음을 되새기며 예순을 만나게 됩니다. 예순의 열정과 성장하는 모습을 통해, 삶의 지혜와 함께 새로운 희열을 느끼는 지금 이 순간을 글로 남겼습니다. 그 기록은 다음 단계를 준비하는 용기를 우리에게 전합니다.

- 74세 블로거(이웃 3,000명), **싱싱고(이정희)**

세 번의 큰 수술을 겪으며 생사의 기로를 넘나들고, 예순의 나이를 맞이했습니다. 그 즈음, 덤으로 사는 인생이라는 마음으로 블로그에 글을 쓰기 시작했지요. 그러다 운명처럼 이 책의 저자를 만났고, 예순과 마흔의 특별한 대화가 시작되었습니다. 저자는 마흔과 예순의 거리는 멀다는 고정관념을 깨고, 세대를 이어주는 다리를 놓았습니다. 바로 그 경험이 이 책으로 이어졌습니다. 어떻게 한 권의 책이 세대를 아우르고 공감할 수 있을지 궁금하지 않으신가요? '마흔에 깨달은 인생의 후반전'을 통해 함께 느끼고 생각하며 공감의 여정을 시작하시길 권합니다.

- <선생님 우리 친구지요?>, <결혼하면 엄마 아빠처럼 > 저자 **그님(이근임)**

40대는 60대의 삶에서 농익은 통찰과 깊이를 배우며 마음의 여유를 얻습니다. 60대는 40대의 열정에서 새로운 활력을 찾습니다. 서로 다른 두 세대가 만나는 이 책은 세대 간 대화를 통해 위로와 성장의 메시지를 전합니다. 예순은 마흔에게 다가올 시간의 지혜를 건네고, 마흔은 예순에게 잊고 지낸 열정을 되살려줍니다. 서로의 이야기를 들으며, 지금 이 순간이 가장 소중하다는 사실을 깨닫게 됩니다. 이 책은 세대 간의 진정한 대화와 공감을 갈망하는 이들에게 깊은 울림과 따뜻한 격려를 선사할 것입니다.

- <청소년 자녀와 함께 성장하는 부모> 저자 **산소쌤(김춘자)**

프
롤
로
그

　나는 이제 마흔을 지나고 있다. 이런 내가 왜 예순의 이야기를 하고 있는지 궁금할 수도 있겠다. 나는 운이 좋은 편이다. 내가 마주할 예순을 미리 경험할 기회가 있었기 때문이다. 블로그를 통해 말이다. 내가 만난 예순의 분들을 보면서, 나도 그렇게 나이 들고 싶다는 생각을 했다. 그들은 몰랐던 세상을 보고 새로운 만남을 만들어 가고 있었다. 그중에는 예순을 지나 일흔을 맞이한 분들도 있다. 놀랍게도 그들은 나를 멘토라 하고 스승이라 부른다. 정말 신기한 일이었다.

　나는 '다섯손가락'이라는 블로그 기초강의를 진행하고 있다. 예순 즈음이 되면 사람들은 인생의 공허함을 느끼곤 한다는 것을 알게 되었다. 이 시기는 인생의 후반전이 강요되는 시기다.

나는 그분들이 블로그를 통해 행복한 후반전을 시작할 수 있도록 돕고 있다. 나누는 사람이 얻는 게 더 많다고들 하지 않던가. 나도 그렇다. 그들과 함께하면서 내가 더 많이 배우고 성장한다. 현실 생활을 통해 회사 생활을 마무리하는 예순을 본다. 그분들은 주름이 깊고 표정은 어두웠다. 나에게 예순은 다가가기 어려운 존재였다. 솔직히 말하면, 다가가고 싶지 않기도 했다.

20대 후반에 직장에서 서비스 직군으로 일하면서, 현장 파견을 나간 적이 있었다. 그때 예순이 넘은 고객을 도와드린 적이 있었다. 그분이 나에게 고맙다고 하셨고, 나도 보람을 느꼈고 그때 깨달았다. 다양한 사람들이 있고, 예순의 사람들도 각기 다르다는 것을, 그리고 내가 먼저 마음을 열고 다가가야 한다는 것도 말이다.

생각해보니 나는 어른들과 대화하는 것이 참 편한 사람이었다. 블로그에 글을 쓰며 소통하기 시작했을 때, 나를 나이가 많은 사람으로 보는 분들도 있었다. 그래서였을까? 내 블로그에 소통하는 분들 중 예순에 가까운 분들이 많았다. 댓글을 주고받으며 그분들의 나이를 알게 되었을 때, 예순이라는 사실에 놀랐다. 60세에 블로그를 한다고? 그전에는 상상하지 못했던 일이었다. 시간이 지나면서 그분들은 더 많은 바람을 내게 전했다. 글을 더 잘 쓰고 싶고, 블로그를 더 잘하고 싶다는 마음이었다.

생각만으로 무언가를 완성할 수는 없다. 경험이 필요하다. 예순의 시기를 아직 겪어보지 않았다면, 이 책을 통해 그 경험을 나눠주고 싶다. 내가 겪은 예순, 그들의 삶, 성장, 고난, 소망이

이 책에 담겨 있다. 대부분의 책은 성공자의 이야기를 기준으로 글을 이끌어간다. 하지만 나는 실패와 성장을 중심으로 이야기를 하고 싶다. 마흔을 지나며 내가 겪은 고난과 역경, 예순을 지나가고 있는 사람들이 어떤 고민을 하고 있는지 보여주고자 한다. 그들이 지나온 세월과 애환, 그리고 그 과정을 통해 어떻게 성장했는지 말이다. 예순이 젊은 세대에게 전하는 조언도 있겠지만, 예순이 겪는 현실에 대한 나의 생각도 담길 것이다. 예순과 마흔은 부모와 자식일 수도 있지만, 때로는 친구이자 동료가 될 수도 있다. 나는 말하고 싶다. 예순과 마흔은 충분히 친구가 될 수 있고, 함께 소통할 수 있다고.

지금 내 곁에 있는 예순의 사람들은 모두 글 친구다. 나는 그들에게 이렇게 말한다. '당신의 어려움을 저에게 기대도 좋습니다.' 그 순간 나는 세상에서 가장 소중한 사람이 된 것처럼 느껴진다. 이 책은 예순이 마흔에게, 마흔이 예순에게 전하는 대화 같은 책이 될 것이다. 세대 간의 대화 속에서 우리는 함께 성장한다. 예순도 계속 성장하고, 마흔도 꿈틀거리며 앞으로 나아간다.

예순에게는 글을 쓰고 싶은 마음을, 마흔에게는 힘든 시간이 지나갈 것이라는 예순의 이야기를 전해주고 싶다. 마흔이든 예순이든, 지금 이 순간이 가장 소중하다는 사실을 기억했으면 좋겠다. 이 책이 두 세대에게 울림을 줄 수 있다면, 그 울림은 다른 세대에게도 전해질 것이다.

이 글을 쓰면서 참 많이 뭉클했고 나만 느끼는 눈물을 여러 차례 흘렸다. 예순의 글 친구를 생각하면서, 그 삶을 생각했다. 나의 지금과 예순의 내모습도 떠올리곤 했다. 그 감동이 나만의 것이 아니길 바란다. 그건 우리에게 다가올 마흔, 누군가에게 지나가고 있는 예순이었다.

예순의 이웃이 마흔에게 전하는 말

마흔의 길목에서 만난 예순은,
마흔이 예순을 어떻게 보고 있을지 자못 궁금합니다.

지나온 마흔 때는 예순에는 뭔가 큰 뜻을 이루고
완성된 삶에서 아래를 내려다보고 있을 줄 알았지요.
그런데 예순이 되어도 눈앞에는
처음 배워야 하는 일이 많았습니다.
주저해야 할 일도, 두려워해야 할 일도, 그러면서 마흔에 내가 했던
그 고민들과 다를 바가 없다는 것도 알게 되었습니다.

조금 달라진 것은 배움에 대해 여유로움이 조금 더 생겼다는 것,
하고 싶은 일에 욕심이나 열정보다는
진심으로 좋아하는 마음이 더 크다는 것.
그리고 누군가의 가르침이 고맙고 선뜻 받아들일 수 있다는 것.

삶의 지혜는 나이에 비례하지 않는다는 것,
이러한 것들을 알아가는 예순이 마흔에게
우리 이야기를 들려달라고 청해봅니다.

목차

1장 마흔에 알게 된 새로운 삶

4장 이제는 말할 수 있는 이야기

5장 세대를 잇는 대화

6장 그 나이를 지나지 않아도 알 수 있는 것들

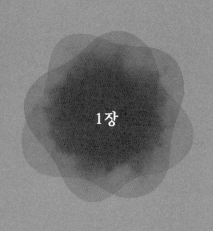

1장

마흔에 알게 된
새로운 삶

고난이 있어야 삶일까?

And, when you want something,
all the universe conspires in helping you to achieve it.
당신이 진정으로 원하는 것이 무엇인지 알았을 때,
온 우주는 당신을 도와 이루게 해줄 것이다.
– 파울로 코엘료

어린 시절, 나는 엄격한 가정에서 자랐다. 표현을 순화해서 엄격한 정도라 했지만, 내 기억 속에서는 강압적인 환경으로 남아 있다. 그 중심에는 아버지가 있었다. 나는 막내였고, 위로는 두 명의 누나가 있었다. 내가 '국민학교'에 입학하기도 전에 부모님은 이혼하셨고, 우리 삼남매는 아버지와 함께 살게 되었다. 아이들이 올바르게 크기 위해서는 더 엄격해야 한다고 생각했던 아버지는 자주 화를 냈다. 우리는 아버지 앞에서 쉽게 주눅

들었다. 무거운 공기가 가득한 집에서 늘 긴장하며 살았다.

어린 시절에도 나와 누나들에게는 꿈이 있었다. 빨리 어른이 되는 것이었다. 아버지가 힘들게 생계를 책임지고 있던 것은 알지만, 우리는 어릴 때부터 많은 것을 참아야 했다. 도시락 반찬에 햄이 없어도 때로는 밥을 싸지 못한 날에도 우리는 그저 견뎠다. 학원비가 두 달 밀려서 원장선생님과 대면하는 날이 미치도록 싫어도 참아야 했다. 하고 싶은 것을 말하지 못했고 마음속에만 간직했다. 그래서 우리는 빨리 어른이 되고 싶었다. 어른이 되면 모든 것이 해결될 것만 같았다.

아버지가 마흔을 넘긴 나이에 나는 그 나이가 빨리 오기를 꿈꿨다. 마흔이 되고 싶었다. 마흔이 되면 모든 문제를 해결할 수 있을 것 같았다. 스무 살이 되자마자 내가 했던 첫 번째 일은 독립이었다. 아르바이트로 생활비를 벌었다. 학업보다 돈이 더 중요했다. 내겐 경제적 자립이 곧 자유였다. 대학을 다니면서도 일을 병행했다. 학업 성적도 자격증도 친구들만큼 따지 못했다. 군대를 다녀와 다시 공부에 집중하려 했지만, 1년이 지나면서 다시 돈을 벌어야 했다. 다른 친구들이 도서관에서 공부할 때,

나는 돈을 벌었다. 그 돈으로 친구들과 후배들에게 밥과 술을 사주며 스스로를 위로했다. '나는 잘하고 있다.'라고 합리화했지만, 속으로는 어딘가 공허함이 남아 있었다.

공과대학에 다니며 전공이 나와 맞지 않다고 느꼈다. 동기들이 관련 자격증 공부에 몰두할 때, 나는 흥미를 느끼지 못했다. 대신하고 있던 아르바이트가 더 매력적으로 다가왔다. 결국 형식적으로 기사 자격증 하나를 취득한 뒤 졸업했다. 어학 성적은 부족했고 전공과 관련된 취업에도 관심이 없었다. 나는 전공과 무관한 영업직을 선택했다. 모든 시간을 일에 쏟으며 더 높은 자리에 오르기를 바랐다. 30대 중반에 리더로 승진했고, 내 커리어는 정점에 다다른 듯했다. 그러나 정점에 선 것 같던 그 순간, 내 그래프는 하향곡선을 그리기 시작했다.

자의 반, 타의 반으로 사업을 시작했다. 그때는 모든 게 가능해 보였지만, 곧 코로나 팬데믹이 찾아왔다. 위기를 기회로 삼아 성공하는 사람들도 있었지만, 나는 그만한 능력이 없었다. 사업이 점점 어려워지고 있음이 느껴질 때, 만삭인 아내의 얼굴이 떠올랐다. 힘든 상황에서도 아내는 내 곁을 지키며 묵묵히 지지해

1장

주었다. 내가 고집을 부릴 때에도 아내는 한 번도 불평하지 않았다. 그럴수록 아내에 대한 미안한 마음이 커졌다. 결국 2년을 버티다 사업을 접게 되었다. 모든 걸 내려놓았을 때는 허탈함이 컸지만, 그 무렵 코로나도 끝을 향해 가고 있었다. 마치 운명이 나에게 '이 길은 너와 맞지 않는다.'고 말해주는 것처럼 느껴졌다.

사업을 정리하고 나서 내 성격은 점점 예민해졌다. 아내와 아이들은 나의 눈치를 보기 시작했다. 나는 그들을 더욱 힘들게 만들고 있었다. 복잡한 생각에 잠기면 술을 마셨고, 때로는 무기력한 상태에서 멍하니 시간을 보내기도 했다. 술을 마시지 않으면 스마트폰 쇼츠 영상을 보며 허무한 시간을 보냈다. 현실을 잊고 싶었지만, 현실은 그대로였다. 나는 가족이 있었고, 가장의 책임이 있었다. 결국 다시 하던 일로 돌아갔다. 그 일이 나에게 주는 만족감은 없었지만, 가족을 위해 버텨야 했다.

내 마음속에는 계속해서 질문이 떠올랐다. '이게 정말 맞는 걸까? 다른 길은 없는 걸까?' 돈을 벌어야 한다는 현실적인 압박과 내 안에서 끊임없이 반복되는 질문들이 나를 점점 지치게 했다. 그럴 때마다 자신이 싫어졌고, 무엇보다 이런 내 모습을 보여주는 것이 아내에게 미안했다. 아내에게도 꿈이 있었다. 새집에서 살고 싶다는 꿈이었다. 처음 입주하는 집에서 우리만의 공간을 만들어 가고 싶은 바람이었다. 나는 그 꿈을 이루어 주고 싶었지만, 현실에서 벗어나지 못하고 있었다. 점점 현실의 무게가 나를 짓눌렀다. 이 길이 맞는지 알 수 없었고, 답답함이 커져 갔다.

그때 우연히 직장 동료가 책을 읽고 있는 모습을 보았다. 30대 초반에 리더십 책을 몇 권 읽었던 기억이 있었다. 그게 내가 마지막으로 책을 읽었던 시기였다. 10년이 지난 시점, 동료가 읽고 있던 책 제목이 눈에 들어왔다. '내 인생 5년 후'라는 책이었다. 평소라면 그냥 지나쳤을 테지만, 그날은 달랐다. 마치 그 책이 나에게 말을 걸고 있는 것 같았다. 그 책은 나에게 질문을 던지고 있었다. '너, 5년 후에도 지금처럼 살고 싶어?' 왜 그 시점에 그 책이 나에게 보였을까? 내 상황은 그 어느 때보다도 견디기 힘들었고, 내 안에서는 끝없는 불만과 좌절감이 쌓여갔다. 그때, 누군가 나에게 아주 중요한 질문을 던진 것처럼 느껴졌고, 그 답이 마치 책 속에 있을 것 같았다. 바로 그 순간에 그 책을 마주한 것도 어쩌면 우연이 아니었을지 모른다.

그때 지금 예순의 글 친구와 대화를 나눌 수 있었다면, 물어 보고 싶었다. 누군가를 떠올릴 여유조차 없었다. 오늘 하루를 살아내는 것만으로도 벅찼다. 당장 눈앞의 현실을 버티는 게 최 우선이었기에, 깊이 생각할 여지는 없었다. 그래도 마음속 한편 에서는 궁금했다. 지금 내가 무엇을 해야 할지, 이렇게 살아도 괜찮은지, 어떤 삶을 살아야 할지, 그 답을 이미 알고 있을 법한 사람들에게 묻고 싶었다. 그러나 그때의 나는 그런 물음을 함께 나눌 예순의 글 친구가 없었다. 외로움 속에서 그저 홀로 견뎌야 만 했다.

매일 글을 쓰는 삶을 살게 되면서, 어느 날은 나도 모르게 내 고민을 글로 풀어내곤 한다. 글을 통해 내 마음을 정리해보면, 마치 기다렸다는 듯이 예순의 사람들이 내게 위로를 건네고 해 답을 제시해준다. 현실에서는 쉽게 해결되지 않는 문제들도 글 속 세상에서는 더 자유롭게 풀어낼 수 있다. 지금도 예순과 고 민을 나누고 있다. 때로는 내가 예순의 고민을 들어주기도 하고, 예순이 나의 고민을 들어주기도 한다.

마흔은 인생의 중간 지점에서 여러 문제로 고민하지만, 예순의 글 친구는 그보다 더 많은 세월과 경험을 바탕으로 따뜻한 조언을 해준다. 마흔은 삶의 문제에 대해 명확한 정답을 찾으려 애쓰지만, 예순은 말한다. '정답은 없다.' 오랜 경험에서 비롯된 이 말은 단순한 체념이 아니라, 인생의 복잡함과 다양성을 담고 있다. 그렇게 마흔과 예순은 서로의 이야기를 주고받으며 함께 성장해간다.

불안해하는 마흔에게 예순이 하는 말 :

오늘도 다시 일어서기를

저는 요즘 내 마음을 내 마음대로 하는 것이 아니라 내 마음을 잘 달래며 그리고 몸도 잘 달래며 뜨뜻미지근하게 내 마음과 협조하며 살고 있답니다. 맘이 울적해지면 술 한 잔하지만요. 몸이 피곤하면 쉬기도 하면서요. 때론 멍때리기도 잘 하구요. 이렇게 텅 비워 놓으니 때론 의욕이 없는 거 같긴 한데 어느새 기분도 몸도 회복되어 다시 열심히 일하게 되더라고요.

어쩌면 우린 살면서 수없이 많은 주저앉음을 했을 거예요. 주저앉았지만 그대로 앉아 있지 않고 다시 일어났으니 지금까지 온 것 같고요. 맞아요. 목적지가 앞에 보인다면 더 빨리 힘내서 뛸 거란 생각이 들어요. 조금 더 기를 쓰고 달려갈 테니까요. 고지가 눈앞에 있는데 천천히 걸어갈 사람은 없을 거예요. 가는 걸음걸음 주저앉고 싶을 때가 참 많았지만 지금 이 자리에 있을 수 있음은 우리 자신이 다시 일어나서 걷고 뛰었던 덕분이 아닌가 싶어요. 어쩌면 눈앞에 보이는 성공의 깃발 앞을 향해 걸어가고 있을 수도 있고, 좌절한 상태로 일어서기 힘든 상태일 수도 있는데 다시 일어서는 건 우리 자신의 의

지라는 것을 확실하게 알아요.

세 번의 수술로 인해 벌써 죽었을 몸이 다시 태어났기에 감사하고 늘 죽음이 코앞에 있다는 생각으로 살고 있습니다. 언제 죽음이 닥칠지 모르지만 옆에 있는 소중한 사람들과 후회되지 않을 만큼 사랑을 나누고 감사한 마음으로 살고자 하고요. 그래서 주어진 하루에 감사하고 아침에 눈을 떴다는 자체가 참 감사하지요.

어느 날 그 책 한 권,
사진 한 장이 내 인생을 바꿨다

그 하룻밤, 그 책 한 권,
그 한 줄이 인생을 바꿀지도 모른다.
— 프리드리히 니체

어느 날 그 책 한 권

어느 날, 한 권의 책이 내 손에 들어왔다. '내 인생 5년 후'라는 책이었다. 이 책을 읽고 나는 '삶을 바꿔야겠다.'는 생각을 했다. 자연스럽게 이 책이 다음 책을 불러왔다. 한 권의 책이 끝나면 또 다른 책이 내게 손짓하는 듯했다. 갈수록 책이 내 삶의 해답을 비춰주는 것 같았다. 마치 첫사랑에 실패한 후 모든 노래 가사가 내 이야기처럼 들리는 것처럼, 책 속 문장들이 모두 내 상황을 설명하고 있는 것 같았다. 책은 내 마음을 대변하고 있었고, 나에게 새로운 길을 제시했다. 책은 내게 말했다.

'읽고, 쓰고, 그리고 그걸 삶에 적용하라.'

어려운 책을 억지로 읽을 필요는 없다고 생각한다. 내 상황에 맞는 책, 나에게 필요한 순간에 만나는 책이 가장 좋은 책이다. 책은 단순한 지식의 축적이 아니라, 내 삶의 거울이 되어 나를 비추고 방향을 제시해주는 도구가 되었다. 그래서 누군가에게 책을 추천할 때는 상대방의 상황을 이해하는 게 중요하다. 내가 만난 예순은 글을 잘 쓰고 싶어 한다, 표현하고 싶어 한다. 세월이 흐른 만큼 표현할 이야기도 많을 것이다. 그래서 '글은 어떻게 삶이 되는가'(김종원 저)을 추천했다. 이미 읽은 사람도 있었고, 아직 읽지 않은 사람에게는 추천했다. 때로는 선물하기도 했다. 이 책은 글을 쓰고 싶어 하는 예순에게 잘 맞을 것이다. 얼마 후, 큰 글자로 제작된 책도 나왔다. 김종원 작가의 배려가 느껴졌다. 이 책이 예순에게 어느 날 한 권의 책이 될 수도 있겠다.

마흔의 불안함을 읽은 예순이 마흔에게 전하는 말 :

천천히 걸어도 괜찮아요.

'내 인생 5년 후' 인생 책이라니 관심이 생기군요. 저는 5년이라는 기 간이 주는 여유가 저에게는 각별하지요. 어떤 목표가 생길 때 저는 5 년 기간을 정했던 것 같아요. 기간이 짧으면 더 효율성을 낼 수는 있 겠지만 자신이 지쳐 버릴까 겁이 나서 그리 정했을지도 모르지요. 그 랬기에 지치지 않고 묵묵히 저는 그 목표를 향해 갈 수 있었답니다. 그리고 목표가 이루어지기도 했지요. 더러는 빨리 된 것도 늦게 이룬 것도 있지만 5년이었기에 이룰 수 있었다고 봅니다. 저는 지금도 새 로 정한 5년 목표를 향해 천천히 가고 있습니다.

어느 날 그 사진 한 장

그 후로 책을 많이 읽기 시작했다. 40년 동안 읽었던 책보다 1년 동안 더 많은 책을 읽었다. 삶의 정답이 책에 있다는 말을 조금씩 실감했다. 답답함이 풀리고 마음이 평온해졌다. 하지만 또 다른 갈증이 생겼다. 마음에 남은 것을 기록하고 싶었다. 그래서 블로그를 시작했다.

처음 한 달 동안 블로그에 책 리뷰만 올렸다. 그야말로 나만의 일기장이었다. 누가 쓰라고 한 것도 아니었고, 내 글을 봐주는 사람도 거의 없었다. 솔직히 말하자면, 그때는 누군가 내 글을 보길 원하지 않았다. 글이 부족하다고 느꼈고, 내 생각이 아직 충분히 채워지지 않았다고 생각했기 때문이다. 부족하지만 몇 편의 글을 쓰다 보니 이웃이 생기기 시작했고, 자연스럽게 그들과 조금씩 교류도 하게 되었다. 그리고 그 이웃들이 공통적으로 언급하던 한 명의 인플루언서가 있었다.

바로 '부아c'*였다. 그는 나에게 너무 거인이었다. 마치 연예

---

* 　부아c는 30만 명 이상의 팔로워를 보유한 인플루언서로, 따뜻한 통찰에 대한 글과 자기 계발에 관한 주제로 활동하는 블로거이자 베스트셀러 작가입니다.

1장

인 같았다. 댓글을 쓸 용기조차 없어서 그의 블로그 글만 꾸준히 봤다. 어느 날 그가 블로그 강의를 한다는 소식을 들었다. 그 순간이 내 인생의 전환점이었다. 업무를 위한 회사 회의를 제외하면, 줌 모임이나 강의를 들어본 적이 없었다. 강의 날이 다가오자 두근거렸다. 강의 중에 내 눈을 사로잡은 사진 한 장이 있었다. 이 사진이 내가 인플루언서의 길을 걷게 만든 시작이었다.

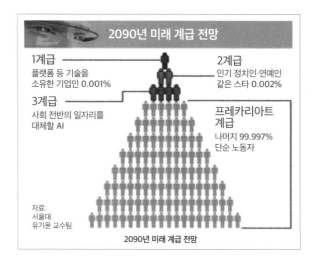

"당신이 미래를 예측할 수 없다면, 미래를 예측하는 사람을 알아볼 수는 있어야 한다." 이 말은 시골의사 박경철님이 어느 대학 강연에서 한 말이다. 변화를 시작하려는 사람에게는 퍼즐

조각이 찾아와서 맞춰진다는 것을 알게 되었다. 이 사진을 보기 전에, 나는 유튜브에서 박경철님의 강연 영상을 봤다. 그 강연의 여운이 남아 있을 때였다. 그리고 이 사진을 봤다.

내가 미래를 예측할 수 없다는 건 당연한 일이었다. 그래서 미래를 믿는 사람을 믿어보기로 했다. 부아c가 말했던 것처럼, 미래에는 온라인 명함이 중요해지고, 인플루언서가 되는 게 나의 온라인 명함을 갖는 일이라고 했다. 그 말을 믿기로 했다. 아니, 믿어야만 했다. 설령 틀린 예측이라도 내게는 필요했다. 현실의 내가 부족하다는 걸 깨달았을 때, 나에게 새로운 문이 열렸다.

그리고 부아c가 운영하는 커뮤니티에 가입했다. 그리고 1년이 지났다. 직장생활에서 내가 참 잘했다고 생각하는 부분이 있다. 나는 누구보다 먼저 출근했다. 나보다 먼저 오는 직원이 있으면 다음날은 그 직원보다 내가 더 먼저 출근했다. 성실함은 나의 최고의 무기였다. 계획적인 성향도 있어서 그의 체계적인 운영 방식과 잘 맞았다. 일주일에 한 번씩 진행되는 온라인 강의를 1년 동안 단 한 번도 빠지지 않았다. 정말 한 번도 빠지지 않았다. 모든 강의를 기록하며 블로그에 비공개로 남겨두었다.

1장

어느 날 그 사람들

부아c의 커뮤니티에 사람들이 모였다. 처음에는 1,500명이 었고, 그다음엔 1,000명이, 이후 500명이 남았다. 인생을 바꾸고 싶어 하는 사람이 많다는 걸 느꼈다. 그러나 점차 줄어드는 사람들을 보면서 여러 생각이 교차하기도 했다. 이미 인플루언서로 활동하는 사람도 있었을 것이다. 혹은 단순히 방법을 알고 싶어 하는 사람도 있었을 것이다.

본격적인 활동이 시작되고 나서 300명 정도가 남았다. 다양한 사람들이 있었다. 기성작가도 있었고, 나처럼 의지만 충만한 사람도 있었다. 모두의 속도가 달랐다. 누군가는 위기감을 느꼈고, 누군가는 자랑하고 싶었는지도 모른다. 나는 늘 쫓겼고 불안했다. 시작점도 다르고 노력의 시간도 달랐지만, 그런 생각은 잊었다. 그럼에도 계속 버텼다. 거북이처럼 묵묵히 나아갔다.

누군가 성과를 이루면 많은 사람들이 축하의 말을 전했다. 나도 함께 축하했다. 하지만 마음은 쓰렸다. 내가 그 자리에 있어야 한다는 생각이 들었다. 그럴 때마다 외쳤다. '여러분, 각자의 속도가 있으니 비교하지 마세요.' 내가 300명을 대표해서 단톡방에서 외쳤다. 그렇게 말하고 싶었다. 사실 가장 쫓기고 있었던 건 나였으니까. 그런데 내 외침에 고맙다고 말하는 사람들이 생겼다. 자신도 그랬다며 고마워했다. 내가 나를 돌보는 일이 남에게 도움이 될 수 있다는 것을 처음 알게 되었다. 조급함과 불안함, 그리고 어쩌면 시기심도 있었다. 하지만 점차 그 감정들이 응원으로 바뀌고 있음을 느꼈다. 각자의 산이 다르다는 걸 알게 됐다. 내가 오를 산은 나의 의지로만 결정된다는 것도, 그 과정에서 밀어주는 사람도 당기는 사람도 없다. 받아들이는 데 시간이 걸렸지만, 나는 바뀌고 있었다.

성장하려면 불편한 집단에 있어야 한다고 했다. 편안한 곳에서는 배울 것이 없다고 했다. 그 말이 맞았다. 내 마음이 불편하고 위축된다는 걸 인정하고 받아들여야 했다. 나는 '비교하지 마세요.'라는 스스로의 외침을 통해 그 불편함을 극복해 나갔다. 1년이 지난 지금, 우리는 모두 각자의 길에서 조금씩 나아가고 있음을 느낀다. 나도, 그들도 많이 성장했다. 그 성장 속에서 설렘이 있다. 앞으로의 1년 후, 우리는 얼마나 더 성장해 있을까? 서로에게 도움이 되고, 도움을 주고 싶은 마음이 가득하다. 나는 그렇게 할 것이다.

이제는 그때 느꼈던 열등감이 사라졌다. 나의 속도와 방향에만 집중하는 법을 진정으로 깨닫게 되었다. 저항감을 숨기지 않아야 했다. 마음속 저항이나 열등감도 자주 노출하고 반복될수록 굳은살이 생기듯 내 마음도 단단해진다는 것을 느꼈다.

3

글쓰기로 시작된
나의 두 번째 인생

처음부터 내 목표는 베스트셀러 작가나, 글을 잘 쓰는 작가가 되는 게 아니었다.
지난 30년 동안 내 목표는 오직 이것 하나였다. '매일 글을 쓰는 사람이 되자.'
모두가 지금 당장 할 수 있는 것을 먼저 해야 한다고 입으로는 말하면서,
눈은 늘 너무 먼 곳에 있는 목표와 꿈만 바라본다. 그러니, 그게 되나?
일과 눈, 그리고 삶은 언제나 오늘을 바라봐야 한다.
'일상이 내가 가진 최고의 자본이다. 최고의 내가 되려면 최고의 하루를 보내야
한다. 기억하라, 지금 글을 쓰는 사람이 최고의 작가다.'

— 김종원 작가

글을 쓰기 어려운 이유는 무엇일까? 나 자신을 돌아보았다.
글은 특별한 사람만 쓸 수 있다고 생각했다. 전문적이어야 하고
학식도 풍부해야 한다고 믿었다. 틀린 말은 아닐 것이다. 하지
만 세상의 글은 매우 다양하다. 모두의 글이 다를 수 있다. 그 다
양함을 인정하는 순간 글쓰기가 쉬워진다. 우리는 모두 다른 삶

을 살고 있다. 어제 저녁에 먹은 메뉴도 다르고, 오늘 아침에 입은 옷도 다르다. 길에서 보는 풍경조차 각자 다르다. 글쓰기가 어려운 이유는 내가 경험하지 않은 것을 쓰려고 하기 때문이다. 그러나 아이러니하게도 가장 좋은 글은 내가 경험한 것을 쓰는 것이다. 나는 그렇게 배웠고, 그것을 믿는다.

'나의 이야기는 나의 삶이다. 오직 나만 쓸 수 있는 고유한 것이다.'

글을 쓴다는 게 나에게는 신기한 경험이었다. 평생 누구에게도 말하지 못한 것들이 글로는 표현되었다. 그리고 그 글을 가장 먼저 읽는 사람은 자신이다. 글로 내 마음을 표현하면서 나 스스로가 바뀌기 시작했다. 글을 쓰며 더 깊은 생각의 공간으로 들어가게 되었다. 스스로의 편견과 한계에 갇혀 있던 나를 돌아보게 되었다. 이런 생각을 처음 깨우쳐준 사람은 지금의 아내다. 아내와 다툴 때, 나는 지지 않으려 했다. 내 주장을 펼치기에만 급급해 아내의 말은 들리지 않았다. 시간이 지나 화해를 하고 나면, 아내는 슬며시 말했다. '당신 마음의 제일 끝으로 가봐.' 그 끝을 찾으면 문제가 해결될 수 있을 거라고 했다.

처음엔 그냥 넘겼다. 깊게 생각하지 않고 흘러보냈다. 그런데 어느 날, 자기 전에 문득 생각해보았다. '내 마음의 끝이라... 그게 어디일까?' 그렇게 무의식과 의식의 경계를 지나 마음의 끝에 도달했을 때, 거기에는 웅크리고 있는 작은 아이가 있었다. 그 아이는 바로 나의 어린 시절이었다. 나의 깊은 내면에 숨겨져 있던, 아직도 어딘가에서 불안해하고 있는 어린 내가 그곳에 있었다. 생각해보니 나의 어린 시절 기억이 지금의 부정적인 감정으로 이어지고 있었다. 억압되었던 환경을 내 의지로 풀어내려는 욕망이 부정적으로 작용한 것 같았다. 나는 글을 통해 그 어린 시절의 나를 다시 만났다. 자주는 아니지만 가끔 들춰본다. 그리고 말해준다. '괜찮아, 네 잘못이 아니었어.'

글을 쓰면서 점점 그 아이와 가까워졌다. 대화를 주고받는 경험도 했다. 그리고 당시의 아버지도 이해해 보려고 노력했다. 내 어린 시절을 기억하고 이야기할 수 있는 사람은 오직 나뿐이다. 나만이 쓸 수 있는 글, 그것이 나의 가장 큰 경쟁력이다. 이렇듯 나만이 할 수 있는 이야기가 있다. 그것은 생각보다 깊게 깔려 있다. 어린 시절, 주택가 비좁은 골목길을 지나 보일러실을 보았던 기억, 초등학교 전학을 겪으며 느꼈던 감정, 중학교 때 친구들과 잘 어울리지 못했던 기억, 고등학교 시절, 뒷산을 넘으며 도시락을 몰래 까먹던 순간, 대학 신입생 때 캠퍼스 잔디에서 새우깡과 소주를 먹었던 기억, 아직도 꾸는 군대 시절의 꿈.

그리고 지금의 가족, 앞으로 만들어갈 미래, 과거의 그리움은 글이 되고, 현재의 고민과 미래의 불안도 모두 글감이 된다. 내가 경험한 것들과 앞으로 경험할 것들, 나는 이런 글로 내면을 치유했다. 글을 쓰면서 얻게 되는 게 무엇일까? 궁극적으로는 다른 삶을 살게 된다. 글쓰기는 단순한 기록을 넘어, 우리 삶을 변화시키는 힘이 있다. 그 과정을 10가지로 정리해 보았다.

하나, 나를 발견한다.
글을 쓰기 시작하면서 나는 점차 내가 좋아하는 것과 잘하는 것을 찾아가게 된다. 그동안 모르고 지냈던 내 마음과 감정이 글을 통해 드러난다. 자아를 형성한 이후에도, 나를 알아가는 과정은 멈추지 않는다. 글을 쓰면서 나를 발견하는 순간들이 이어진다.

둘, 내면을 강화한다.
글은 내 감정과 부족함을 솔직하게 표현하는 도구다. 글로 나의 고민과 어려움을 정리하면서 스스로 극복할 수 있는 힘을 발견하게 된다. 글로 쓴다는 것만으로도 마음의 짐이 가벼워지고 위로를 받는다.

셋, 감성을 확장시킨다.

글을 쓰면서 내 감정이 더욱 풍부해진다. 가끔 글을 쓰다가, 혹은 내 글을 다시 읽다가 눈물이 나기도 한다. 다른 사람의 글을 보며 감동을 받고, 마음이 깊어지는 경험을 한다. 감성을 나누고 교류하면서 감정의 폭이 넓어진다.

넷, 행복감을 증대시킨다.

글을 쓰는 과정에서 작은 행복을 느낀다. 글을 통해 나를 표현하고 소통하면서 점점 행복해진다. 행복감이 글을 쓰는 동력이 되고, 그 동력은 다시 글쓰기를 지속하게 한다.

다섯, 자존감과 자신감이 상승된다.

글을 쓰고 댓글을 받으면서 내 자존감이 높아진다. 작은 칭찬이라도 내가 인정을 받고 있다는 사실이 자신감을 불러온다. 내가 뭔가 할 수 있다는 믿음이 글을 통해 형성된다.

여섯, 일상이 변화한다.

글을 쓰는 삶을 살면 일상도 변화한다. 글감을 찾기 위해 주변을 더 관찰하게 되고 생각의 깊이도 달라진다. 전에는 그냥 지나쳤던 작은 것들이 새로운 시각으로 다가온다. 그로 인해 일상 속에서 더 많은 의미를 찾게 된다.

일곱, 좋은 사람이 되어간다.

글은 내가 어떤 사람이 되고 싶은지를 스스로 돌아보게 한다. 좋은 아빠, 좋은 남편이 되어야겠다는 생각이 강해진다. 글에 담기는 내용이 거짓이 되어서는 안 된다는 마음이 긍정적인 행동으로 이어진다. 내가 쓰는 글만큼, 나도 더 나은 사람이 되어간다.

여덟, 지식과 인풋이 확장된다.

글을 잘 쓰기 위해서는 다양한 정보를 접하고, 새로운 분야에 도전해야 한다. 책을 읽고, 다른 사람들의 글을 보면서 더 많은 것을 배우고 싶어진다. 글을 쓰기 위해 배우고, 배운 것을 글로 다시 표현하는 선순환이 일어난다.

아홉, 꿈과 목표가 생긴다.

글을 쓰면서 점점 더 큰 꿈을 꾸게 된다. 내가 좋아하는 일을 통해 경제적인 가치를 창출할 수 있다는 가능성을 보게 된다. 내 글이 누군가에게 도움이 되고, 그 과정에서 나 또한 성장할 수 있다는 생각이 꿈으로 발전한다. 가치를 전하면 보상은 자연히 따라온다는 믿음이 생긴다.

열, 선순환의 삶을 살아간다.

글을 쓰는 과정에서 나를 알아주는 사람들이 생기고, 그들에게서 다시 영감을 얻는다. 내가 쓴 글이 사람들에게 도움이 되고, 그들의 응원이 나를 다시 글 쓰게 만든다. 이러한 선순환이 지속되며, 글을 쓰는 삶이 더 나은 삶으로 이어진다.

글쓰기는 나를 발견하고, 내 삶을 변화시키는 힘이다. 글을 쓰는 동안 우리는 더 나은 사람이 되어가고, 그 과정을 통해 더 많은 것을 배우게 된다.

정답이 없다는 것이
정답이다

마흔에 접어들면서, 나는 많은 방법론과 가르침에 직면했다. '이게 좋다, 저게 좋다.' '이렇게 해라, 저렇게 해라.' 수많은 말들이 나를 흔들었다. 같은 방법을 다르게 설명하는 사람도 있었고, 다른 방법을 같은 길로 설명하는 사람도 있었다. 그중에는 좋은 사람이 있었고, 그렇지 않은 사람도 있었다. 삶의 방향을 제시하는 사람들을 만날 때, 나는 한 가지 기준을 만들었다. 삶의 정답을 제시하는 사람은 피해야겠다는 생각이었다. '정답이 없다는 것이 정답.'이라는 깨달음은 시간이 흐를수록 더욱 강해졌다. 대학 시절, 동기와 선후배들이 선택한 삶의 방향은 각기 달랐다.

어떤 이는 보편적인 길을 걸었다. 어떤 이는 예상치 못한 길로 들어섰다. 그들이 선택한 길은 다르지만, 그 끝에서 느끼는 무게는 누구나 비슷했다.

A의 길

A는 대학 졸업 후 해외 연수를 다녀와 대기업에 취직했다. 프로필 사진은 외제차로 자주 바뀌었다. 성공한 삶처럼 보였다. 20년이 지나 다시 만난 A는 여전히 같은 회사에 다니고 있었다. 그는 지역을 옮기며 주말부부로 살았고, 주말조차 함께 보내지 못하는 일이 많았다. 오랜만에 만난 그는 말했다. "주말에 집에 있는 게 어색하더라." 겉으로는 화려해 보였지만, 그의 삶은 고단한 균형 위에 놓여 있었다.

B의 길

B는 전공을 따르지 않았다. 아르바이트로 학비를 벌며 간신히 졸업했다. 이후 한 매장의 매니저가 되었고, 자신만의 작은 가게를 열었다. 지금은 당당한 매장의 사장으로 자리 잡았다. 단골도 많다. 꾸준히 자신의 길을 걸어가는 사람은 결국 다른 사람들의 눈에도 비친다는 사실을 깨달았다. 얼마 전 그는 2호점

도 오픈했다. 넓어진 매장만큼 그의 마음도 넓어졌다. 내가 그의 가게를 찾을 때면 그는 아낌없이 서비스를 내준다. "이제 그만 줘도 돼."라고 말하면서도, 그의 밝은 웃음을 보면 마음이 따뜻해진다. 넉넉한 마음과 성실한 삶의 태도를 가진 그가 성공한 모습을 보니 나도 참 흐뭇했다.

C의 길

C는 성실했다. 그를 아는 사람들은 모두 그가 잘 되길 바랐다. 하지만 연락이 끊긴 지 10년이 넘었다. 그의 이름을 다시 본건, 한 장례식장에서였다. 다른 지인의 조문을 갔다가, 옆 호실에서 고인의 이름을 보고 발길이 멈췄다. 이름이 특이해서 설마설마했다. 하지만 현실이었다. 이유도 알 수 없었고, 그저 먹먹한 마음만 남았다.

이 세 가지 삶은 나에게 큰 교훈을 주었다. 누구의 삶도 단순히 판단할 수 없다. 우리가 보는 것은 한 사람의 단면일 뿐이다. 지금을 보고 미래를 예단하는 것은 어리석다. 고전이 좋은 이유는 정답이 없기 때문이라고 했다. 고전의 해석은 각자의 몫이기 때문이다. 같은 책을 읽어도 사람마다 다른 결론에 도달한다.

그것이 고전의 매력이다. 삶의 방향을 제시하는 방법도 고전과 같아야 한다. 단 하나의 길이 아니라, 각자가 해석할 여지를 남겨두는 것이다. 나의 방법을 일반화하지 않고, 내가 틀릴 수 있음을 인정해야 한다. 마흔의 길목에 선 나는 깨닫는다. 삶은 수동태와 능동태처럼 단순히 나눌 수 없다. '나는 이렇게 합니다.'와 '나를 따라 이렇게 하세요.'는 전혀 다른 이야기다.

한 사람의 인생을 성공이나 실패로 판단하기에는 예순에 하기에도 이르다. 예순의 나이에도 가슴이 뛰는 삶을 살고 있으니 말이다. 정답이 없다는 사실을 받아들이는 순간, 우리는 더 유연하게 살아갈 수 있다. 마흔의 길목에서 만난 이 깨달음이, 예순을 향해 가는 나를 한층 성숙하게 만든다.

5

우리가 걸어온 길,
그리고 다시 걸어갈 길

*When one door of happiness closes,
another opens; but often we look so long at the closed door that
we do not see the one which has been opened for us.*

행복의 한쪽 문이 닫히면 다른 쪽 문이 열린다. 그러나 흔히 우리는 닫혀진 문을
오랫동안 보기 때문에 우리를 위해 열려있는 문을 보지 못한다.

― 헬렌 켈러

우리나라에서 50대 인구는 약 900만 명에 달한다. 전체 인구의 17%를 차지하는 이들은 베이비붐 세대다. 숫자로만 보면 통계일 뿐이지만, 그 안에는 삶의 무게와 각자의 이야기가 깊이 담겨 있다. 이 이야기는 나와도 닿아 있다. 40대를 지나고 있는 나에게도 50대의 삶은 결코 남의 이야기가 아니기 때문이다. 얼마 전, 한 50대 가장의 인터뷰를 보았다. 그의 이야기는 나에게 묘한 감정을 불러일으켰다. 왜일까? 그의 이야기가 내 마음 깊은

곳을 흔들었던 이유는 아마도 우리가 같은 시대를 살아왔기 때문일 것이다.

국민학교와 좁은 교문

나는 국민학교 마지막 세대다. 6학년 때 우리 학교에는 14반까지 있었고, 마지막 번호는 54번이었다. 번호는 키순으로 정했기에 키가 작았던 나는 늘 10번 안이었다. 그 시절, 국민학교는 오전반과 오후반으로 나뉘어 다녔다. 도시락을 싸 오던 나는 쉬는 시간에 도시락을 까먹고, 점심시간에는 운동장에서 공을 찼다. 몇 명이 한 골대에서 공을 찼는지 셀 수 없을 만큼 많은 아이들이 몰렸다. 고등학교 때는 또 다른 풍경이었다. 버스에는 다양한 색의 교복을 입은 학생들로 가득했고, 모두 비슷한 시기에 시험을 치르며 좁은 교문을 통과하기 위해 애썼다. 그렇게 아등바등하던 나는 어느새 40대에 불어오는 찬바람을 정면으로 맞고 있다.

IMF와 희망퇴직의 무게

50대 인터뷰의 주인공은 IMF 세대였다. 그는 희망퇴직 후 1년 동안 가족에게 사실을 알리지 못했다고 한다. 지역 도서관이 문을 닫아, 1~2시간 거리의 다른 도서관을 찾아다녔다고 했다. 그의 이야기를 들으며 나는 묘한 감정에 사로잡혔다. 왜 그의 심정을 내가 공감하고 있을까? 아마도 내가 그와 같은 세대의 길목에 서 있기 때문일 것이다. 40대가 넘으면 이직은 사실상 불가능하다. 100군데 이력서를 넣어도 연락이 없고, 200군데를 넣어야 겨우 1~2곳에서 면접 기회를 받을 수 있다. 그조차 합격이 아니라 단순한 기회일 뿐이다.

좁은 교문에서 거리로 몰리는 세대

IMF를 수동태로 받아야 했던 학생들, 좁은 교문을 통과하라며 주입 당했던 세대들이 이제는 거리로 몰리고 있다. 그들이 거리로 나오는 이유는 몰라서가 아니다. 떠밀려 나왔고, 스스로의 차례가 왔음을 직감했기 때문이다. 그를 위로하는 친구들의 마음도 복잡했으리라. '나는 아니어서 다행'이라는 생각일까? '다음은 나일지도 모른다.'는 두려움 때문일까? 현실 속에서 배운 것들 우리는 월급을 받으며 사는 것이 잘 사는 삶이라고 배웠다. 하지만 아무도 경제 공부를 가르쳐주지 않았다. 학교에서 배웠던 미적분은 삶에서 별로 도움이 되지 않았다. 몸과 마음이 병들 때쯤, 우리는 진짜 배워야 할 것들을 깨닫는다. 그때 나는 무기력한 자신을 마주해야 했다. 그것이 현실이었다. 그래서 나는 깨달았다. 직장인이 아니라 직업인이 되어야 한다는 것을, 60~70대에 무기력해지는 것보다 지금 도전할 수 있다는 사실이 얼마나 다행인가.

선택 아닌 필연의 모험

우리는 선택적 모험이 아니라, 어쩔 수 없는 모험 속에서 자신을 단련한다. 그 과정이 우리를 더 강하게 만들어 줄 것이라 믿는다. 50대 인터뷰의 주인공은 대단한 사람이었다. 모든 것을 던지고 자신의 이야기를 나눌 만큼, 스스로 가벼워졌기 때문이다. 그가 던진 모든 것이 자신의 잘못이 아님을 깨달았기에 그는 한결 자유로워질 수 있었던 것이다.

마흔과 예순을 잇는 지혜

마흔의 나는 깨닫는다. 우리는 때로 좁은 교문처럼, 가장 어려운 길을 통과해야만 성장을 얻는다. 하지만 그 길은 각자 다르며, 정답도 없다. 50대의 삶을 배우고 나면, 예순의 나는 또 다른 성찰에 도달할 것이다. 예순의 나는 여전히 배움을 갈망하고, 삶의 무게를 덜어내며 조금 더 가벼워질 것이다. 그분과 인연이 된다면, 빗소리가 들리는 어느 포차에서 어묵탕에 소주 한 잔 나누고 싶다. 위로하려는 마음이 아니라, 같은 시선으로 공감하며 나누는 안줏거리로, 우리의 오늘을 잘 살아내자, 그거면 충분하다.

6

배움에서 나눔으로
이어지는 행복

삶의 무게를 견디며 오늘을 살아내는 과정에서, 나는 작은 배움들이 쌓여가는 기쁨을 발견했다. 그리고 그 배움이 나눔으로 이어질 때, 더 큰 행복으로 돌아온다는 사실도 알게 되었다. 블로그 글쓰기를 시작하면서 내 일상이 달라지기 시작했다. 글을 쓰고, 댓글로 소통하는 시간이 늘어나면서 하루가 점점 더 풍성해졌다. 무뚝뚝하고 무표정이었던 내가, 이제는 자주 웃고 있었다. 댓글을 보고 웃음을 참기도 하고, 길을 걸으면서도 혼자 미소 짓기도 했다. 이런 변화를 겪으며, 나는 전에 느껴보지 못한 새로운 행복감을 발견했다.

하루 종일 머릿속이 글 쓸 생각으로 가득 차 있었다. 내일은 어떤 글을 쓸지, 오늘은 누구와 소통할지를 고민하게 되었다. 스스로에게 끊임없이 질문을 던지며 혼자만의 대화가 많아졌다. 그리고 일상 속에서 글감이 될 만한 것들을 찾기 시작했다. 공원에서 사람들의 표정을 보며 그들의 이야기를 상상해 보기도 하고, 출근길에 내 앞에서 차가 급정거할 때 이것도 글감이라며 생각에 잠긴 나를 발견한다. 라디오에서 들은 사연도 어느새 글감으로 떠오른다. 일상 속 작은 순간들이 글이 되고, 나의 추억과 연결되어 새로운 이야기가 탄생했다.

글을 쓰면서 항상 마지막에는 생각했다. '이 글이 누구에게 도움이 될까?' 글을 통해 한 사람이라도 위로받거나 도움이 될 수 있다면, 그걸로 충분하다고 생각했다. 그리고 실제로 그런 댓글을 받을 때마다, 나도 그들에게서 위로와 힘을 얻었다. 블로그를 시작한 지 3개월 만에 첫 전자책을 출간했고, 5개월 만에 두 번째 책을 냈다. 전자책도 좋은 성과를 얻었지만, 나는 더 나아가고 싶었다. 글쓰기로 얻은 이 행복을 더 많은 사람과 나누고 싶었다.

그래서 내가 어떤 사람들에게 더 잘 다가갈 수 있을지를 고민하게 되었다. 내가 어떤 차별점이 있을까? 고민하기 시작했다. 고민의 시간은 길지 않았다. 블로그를 하면서 진솔한 소통을 하다 보니, 그곳에 예순의 이웃이 있었다. 그들이 겪는 어려움도 보였다. 알고 싶어 했으나, 알려줄 사람이 없었다. 그곳에서 불꽃이 튀었다. 그래 이거였다. 나보다 친절하게 예순에게 블로그를 알려줄 수 있는 사람은 없다고 생각했다. 그게 바로 내가 '다섯 손가락'*을 만들게 된 이유였다. 예순의 꿈을 만들어 주고 싶었고 두근거림과 열정을 다시 심어주고 싶었다. 누군가에게 행복하게 해 주고 싶다는 마음이 나를 더 행복하게 만들었다.

---

* 〈다섯 손가락〉은 신중년을 위한 온라인 커뮤니티로, 디지털 환경에서 소외되기 쉬운 신중년 세대가 블로그, 전자책, SNS를 활용해 생산적이고 활발한 삶을 누릴 수 있도록 돕습니다.
이 모임은 디지털 기술을 통해 소통과 창작을 지원하며, 참여자들이 새로운 가능성을 발견하고 인생 2막을 준비할 수 있도록 다양한 활동을 제공합니다.

1장

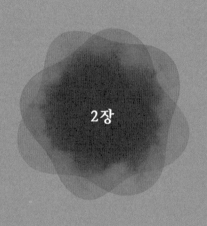

2장

마흔이 예순을
만나다

It is not length of life, but depth of life.
중요한 것은 인생의 길이가 아니라 인생의 깊이다.
— 랄프 왈도 에머슨

　지금으로부터 30년 전, 1994년 대한민국 중위 나이는 29세였다. 중위 나이는 우리나라 사람의 나이를 크기순으로 나열해서 균등하게 반으로 나눈 나이를 말한다. 탄생과 죽음의 중간쯤 되는 나이라고 생각하면 될 것이다. 2024년 우리나라 중위 나이는 46세가 되었다. 이 변화는 두 가지 관점으로 볼 수 있다.

　첫째, 고령화로 노인 인구가 급증하고 젊은 세대는 줄어들고 있다. 인구 절벽에 대한 우려가 커지고 있다. 둘째, 나이에 대한 관점을 바꿔보면, 이 변화가 새로운 자신감과 도전의 기회가 될 수 있다. 나이를 기회로 삼아 전환점을 맞이할 수 있다는 것이다. 생각해보면, 30년 전 중위 연령보다 우리는

2장

17년이 젊어진 셈이다. 나도 그때로 돌아간 기분이다. 내가 직장생활을 시작한 나이가 27살이었는데, 지금 그 나이로 돌아온 듯하다. 무엇이든 다시 도전할 수 있는 나이다.

60대도 마음가짐을 40대로 바꿀 수 있다. 도전에 용기를 내기에 충분히 괜찮은 나이다. 글쓰기는 행복을 가져다줄 수 있다. 나는 그 행복을 예순의 마음에 전하고 싶다. 40대인 나는 20대보다 깊이가 있고, 60대보다 체계적으로 일을 해낼 수 있다. 60대는 40대보다 깊이가 있고, 80대보다 더 체계적으로 일을 할 수 있다. 나에게 유리한 기준점을 스스로 만들어 보자. 내가 60대가 되면, 80대 어른들에게도 같은 방식으로 나눔의 가치를 전하고 싶다.

어느 날 문득, 독서는 어려울 수 있지만, 어느 날 갑자기 글을 쓸 수는 있다. 그동안 쌓인 세월이 글감이 된다. 글을 쓰다 보면 더 잘 쓰고 싶은 마음이 아주 당연하게 찾아오게 되고 그 다음 자연스럽게 독서의 욕구도 따라오게 된다. 쉬운 글쓰기부터 하면 된다. 일기를 써도 좋다. 메모를 옮겨도 좋다. 거기에 다른 사람에게 도움을 줄 수 있는 한 줄이 있다면 훌륭한 글이 된다.

글 쓰는 예순,
그들이 다른 이유

나에게는 예순의 블로그 친구들이 있다. 그들을 보며 가장 인상 깊은 점은 삶의 여유다. 내가 본 예순은 시기나 질투가 없고 조급해하지 않았다. 그러나 예순도 불안한 감정을 느낄 수 있다. 다만, 그들의 표현 방식이 차분했다. 자신에게 불편한 감정을 흘려보내는 방식을 알고 있었다. 나이가 들수록 늘어나는 것은 주름만이 아니다. 마음의 여유도 함께 깊어진다. 버릴 것이 많아질수록, 더 채우기보다 더 버리는 것을 선택하게 된다. 블로그에서 만난 예순은 이 여유를 세 가지 측면에서 보여주었다.

첫째는 '마음의 여유'다.

글에는 진정한 여유가 담겨 있다. 슬픔을 담은 글도 억지로 밝게 꾸미지 않는다. 슬픔을 느끼며 표현할 수 있는 여유가 느껴진다. 어느 날, 예순의 글을 보며 그 느낌을 받았다. 친구의 죽음을 회상하는 글에서 예순은 깊은 슬픔을 담담하게 받아들였다. 과장이 없고, 절제가 있었다. 그저 읊조리며 감정을 다스리는 듯했다. '왜 이분은 아무 말도 하지 않을까?' 그때 알았다. 위로란 말이 아니라, 그 사람의 시선과 감정에 함께하는 일이라는 걸. 예순은 이미 그걸 하고 있었다. 글에는 그 무엇으로도 채우려 하지 않는 여유가 있었다.

둘째는 '세월의 여유'다.

그들은 '가도 되고, 안 가도 된다.'라고 말한다. 대부분의 사람들은 항상 앞으로만 나아가려 하지만, 예순은 종종 뒤를 돌아본다. 나 역시 늘 앞만 보고 달려왔지만, 예순의 글을 통해 느낀 게 있다. 인생의 어느 시점에서든 한 걸음 물러나 자신을 돌아보는 여유가 필요했다. 앞만 보고 나아가지 못해 뒤로 돌아가는 것이 아니라, 어느 방향으로든 여유 있게 선택할 수 있는 예순의 삶의 태도가 나를 깊이 감동시켰다.

셋째는 '글의 여유'다.

예순이 되기까지 어떤 글을 써왔을까? 예순의 젊은 시절은 아날로그의 시기였다. 스마트폰이나 태블릿보다 펜과 종이가 더 익숙했던 때였다. 생각이 행동으로 이어지는 시간이 많았던 시절이다. 살아오며 글쓰기를 잠시 잊었더라도, 세월이 흘러 다시 만난 글은 오랜 친구처럼 자연스럽다. 그들의 글에는 세월의 흔적이 묻어나며, 그 흔적이 글을 풍요롭게 한다. 글을 통해 자신을 돌아보고, 삶을 정리하는 모습이 보인다.

예순은 왜 글을 쓰고 싶어 할까? 마흔의 내가 바라본 예순의 이유는 다음 세 가지로 정리된다.

첫째는 '공허함'이다.

60대는 퇴직을 앞두었거나 이미 퇴직한 상태일 가능성이 크다. 퇴직 후의 삶을 미리 계획했을지라도, 그 계획대로 되는 경우는 드물다. 퇴직 후 한동안은 자유로움을 즐기겠지만, 곧 찾아오는 것은 공허함이다. 그리고 자녀들의 독립을 지켜보게 된다. 품었던 자녀들이 독립해 세상으로 나아가는 것이 기쁘기도 하지만, 동시에 큰 허전함이 찾아온다. 그 허전함을 채우는 방법으로 글쓰기를 선택하게 된다. 글은 그들을 채울 수 있는 공간이 되고, 그 공간에서 마음을 자유롭게 풀어놓는다.

둘째는 '잊고 있던 욕구'다.

초등학교(국민학교) 시절 선생님의 칭찬이 떠오른다. '맞아, 나 글을 쓸 수 있었어.' 어린 시절 국어시간이 좋았고, 책을 읽는 순간이 행복했다는 기억이 스멀스멀 올라온다. 삶에 치여 잊고 있던 그 욕구가 다시 고개를 든다. 눈을 감고 그 시절을 떠올려 본다. '내가 글을 쓰는 순간이 이렇게 행복했었지.' 60대는 잊고 있던 자신의 본래 모습을 글을 통해 다시 만난다.

셋째는 '새로운 시작'이다.

모든 예순이 처음부터 글쓰기를 좋아했던 것은 아니다. 글쓰기를 해본 적 없던 60대도 있다. 하지만 그들은 지금, 글을 쓰며 행복해하고 있다. 그 이유는 바로 세월이다. 지나온 세월이 그들의 기억 속에 존재하고, 그 기억들을 글로 풀어내는 과정에서 가슴이 뛰는 새로운 경험을 한다. 내가 본 예순의 대부분은 그랬다. 어쩌면 내가 모르는 예순들도 그럴 것이다. 그들은 모두, 글을 통해 자신의 이야기를 새롭게 써 내려갈 수 있는 사람들이다.

예순이 마흔에게 :

지금부터 준비해야 해요

~~~~~~

퇴직한 선배들이 한결같이 했던 말이 있었다. 오랜 세월 시곗바늘처럼 길들여진 일상에서 벗어나니 홀가분하기도 한 반면에, 공허와 상실감이 한꺼번에 밀려와 정신적으로 힘들더라는 말이었다.

2

예순과 마흔,
조금은 특별한 만남

2024년 3월 '다섯손가락' 블로그 기초강의를 하는 첫 시작을 알렸다. 불안하고 초조했다. 60대 이상을 우선순위를 정하면서도 과연 이 기준이 옳은지 고민했다. 이렇게 정한 데에는 나름의 이유가 있었다. 예순 즈음에 맞이하는 인생의 공허함을 채워주고 싶었다. 블로그 이웃을 통해 그 감정을 가까이서 보았기에, 누구보다 그들을 이해하고 싶었다. 그래서 글쓰기를 통해 이 공허함을 채울 수 있다는 희망을 전하고 싶었다. 그것이 내가 이들을 우선순위로 정한 이유였다.

하지만 한 명도 오지 않으면 어쩌지? 이 모든 게 내 혼자만의 착각이라면? 그런 생각이 스쳐 지나갈 때마다, '그래도 이것도 경험이다.'라며 스스로를 다독였다. 다행히도 다섯 명이 지원해 주었고, 그 순간 정말 감사한 마음이 들었다. 그러나 사정상 두 명이 참여하기 어렵다고 연락을 받았을 때, 나는 다시 불안해졌다. 세 명으로 출발해야 하나? 고민이 깊어질 즈음, 또 한 명이 지원해 주었다. 그렇게 네 명으로 첫 모임을 시작하게 되었다. 후기를 들어보니, 다른 분의 소개로 오게 되었다는 얘기를 들었다. 그 순간 누군가는 보고 있다는 사실을 다시 한 번 실감했다. 나에게는 너무나도 소중한 네 분이었다. 첫 모임에서 나는 최대한 진심을 전달하려고 노력했다. 스킬도 중요하지만, 그보다 마음이 통해야 한다고 생각했다. 그래서 내가 선택한 강의의 전략은 개별 맞춤이었다. 한 명 한 명의 목소리를 듣고, 각자의 상황에 맞는 글쓰기를 도울 수 있도록 노력했다. 마음이 통하면 자연스럽게 말하기가 편해진다는 것을 나는 경험으로 알고 있었다. 다행히 내 진심이 그들에게 닿는 순간이 있었다.

70
2장

나를 '스승'이라 부르는
예순의 슈퍼팬 1호

The best and most beautiful things in the world cannot be
seen or even touched — they must be felt with the heart.

세상에서 가장 아름다운 것들은 눈으로 볼 수도 만질 수도 없습니다.
그것은 오직 마음으로만 느낄 수 있습니다.

— 헬렌 켈러

'살면서 사랑해요, 그리워요, 보고싶어요.'라는 말은 인사처럼 해 오
는 말이다. 그런데 볼 수 없는 사람을 그리워하는 사무친 마음이 이
제야 가슴을 후벼 파고 도려내는 아픔인지를 절절히 알게 되었다.

<얼룽너머>

나에게는 은인과 같은 분이 있다. 그분과의 첫 만남이 언제였
는지 정확히 기억나지 않는다. 그분을 알게 된 후 몇 편의 글을

읽었다. 특이했던 점은 블로그라는 특성상 소통을 하며 글을 쓰는 게 일반적인데, 그분은 소통을 할 수 있는 댓글을 열어놓지 않았다. 아마도 댓글 소통이 부담스럽거나 답글을 쓸 시간이 없었을 거라고 생각했다. 하지만 글은 너무 좋았다. 정확히 말하면, 그 글은 젊은 사람이 쓴 글은 아니라는 느낌을 받았다. 글의 깊이가 남달랐다. 그분은 참 겸손하시고, 주변에 좋은 에너지를 주려고 항상 노력하셨다. 본인이 약간 힘든 일이 있거나 다운될 때도, 주변에 그 기색을 드러내지 않으려 하셨다. 그분의 글을 보며 몇 번의 눈물을 흘린 적이 있다. 나만 그런 것은 아니었다. 그분과 연결된 사람들은 대부분 비슷한 경험을 했다.

그분은 다른 사람과 함께 성장하기를 바라는, 블로그 닉네임 '얼룽너머'이다. 내가 운영하는 '다섯손가락' 1기의 멤버이기도 하다. 아무도 '다섯손가락'을 모를 때, 나를 믿어주시고 분위기를 이끌어 주었다. 기수를 쌓아가며 깨달은 점이 있다. 내가 정성을 다하면 듣는 사람에게 진심이 전해진다. 그 감동이 다음 소개로 이어지고, 또 다른 사람과의 연결고리가 된다. 무한한 선순환이다. 나의 홍보보다 함께한 멤버들의 글 속 진심이 더 큰 영향을 미친다.

2장

그중에서도 얼룽너머님이 가장 대표적이다. 다른 사람이 나를 진정으로 믿어주고, 내가 잘되기를 진심으로 바란다는 느낌을 받아본 적이 있는가? 나는 가족이 아닌 다른 사람에게서 그런 느낌을 마흔이 넘어서야 처음 받았다. 얼룽너머를 통해서였다. 뒤에서 나를 밀어주고, 앞에서 끌어주고 있었다. 내가 이웃을 소개하면 그분은 꼭 그 이웃을 방문해 나에 대한 칭찬을 남기신다. 그리고 나서도 따로 나에게 말하지 않으셨다. 내가 다 보지는 못했지만, 여러 번 그런 모습을 본 기억이 있다. 마치 우렁이 각시처럼 필요한 순간에 나타났다.

'텀블벅 펀딩'을 할 때도 보이지 않게 큰 금액을 후원해 주셨다. 내가 홍보할 일이 있으면 '다섯손가락' 멤버들을 대표해 분위기를 이끌어 주신다. 내가 평생 감사해야 할 분이다. 부끄럽지만, 그분은 나를 '스승님'이라고 부르신다. 나 역시 그 분을 인생의 스승으로 여기고 있다. 가끔 서로 고민을 나누며 예순이 마흔에게, 마흔이 예순에게 지혜를 전하고 있다. 고민을 나눌 때마다 나는 그분의 지혜를 빌릴 수 있다. 비밀 댓글이나 1:1 톡으로 서로의 지금을 나누기도 한다. 나는 그 시간이 참 좋았다. 예순의 고민도 알 수 있었고, 내가 도움을 줄 수 있는 부분이 있다는 것도 좋았다. 그리고 내 마음을 모두 열어 내 깊은 고민을 나눌 수도 있었다. 나를 무조건 믿고 지지해 주실 분. 나의 첫 번째 팬은 얼룽너머님이다. '다섯손가락'이 처음 시작되면서 단톡방이 만들어졌다. 얼룽너머님의 첫 인사가 기억에 남는다.

이 책에 쓰인 얼룽너머님의 소개 글 일부를 먼저 그분께 보여 드렸다. 그리고 다음과 같은 답장을 받았다.

이렇게 부끄러울 수가^^

괜히 수상 소감을 말해야 할 것 같습니다. 저, 1호 팬 맞습니다. 그리고 저에게 파파님은 인생의 스승님이십니다. 파파님을 만나기 전, 삶에서 나름 어려운 고비였습니다. 남이 보기에는 경제적으로도 사회적으로도 다 가진 것처럼 보였지만 마음에는 균열이 생기고 보이지 않는 경제적 손실까지 혼자 끙끙대었습니다. 그래서 정말 이 어려운 시기를 넘기자며 '얼릉너머가자'라는 닉네임까지 지으면서 소원을 빌었습니다. 블로그를 하면 갑자기 제가 달라질 줄 알았는데, 블로그에 글쓰기의 기초를 잘 몰랐습니다. 그때, 두 번이나 열고 닫았던 블로그를 지금 껏 하게 힘을 주신 분은 파파님이십니다. 그 선한 영향력 이 저에게 이렇게 큰 힘을 주시니 저는 있는 거 다 주고 싶습니다. 1만 명의 팬에게 저는 일찍 만난 행운을 누리 는 1호 팬인 것이 기쁘니 똑같은 1호 팬으로 만나자고 전 하고 싶습니다. 그래서 파파님의 강의가 푸른 바다가 춤 추는 제주에서 열리기를 손꼽아 기다립니다. 그 길에 함 께해 주시길 바란다고 전해 주십시오.

그분의 글은 무엇이 다를까? 왜 사람들은 그분의 글을 읽으며 눈물을 흘릴까? 내가 느낀 건 담담함이다. 단단함이 아니라 담 담함. 슬픔을 인정한다. 그리고 그 슬픔을 견디는 시간을 갖는다. 자신과 대화하는 시간도 많이 가진다. 그분의 글은 다양함 속에서 따뜻함으로 마무리된다.

신혼 초 경제적으로 어려웠던 시절부터 어머님과 시어머님을 잃고 느꼈던 감정들까지, 그분은 이를 담담하게 글로 표현한다. 글은 담담한데, 읽는 사람에게는 커다란 위로가 된다. 마치 '나도 다 겪었던 일이야. 지금 힘들지? 힘들어도 괜찮아.'라고 말해주는 것 같다. 마흔의 내가 예순의 그분의 격려와 위로에 눈물을 흘리곤 한다. 이제는 그 분이 조금은 더 편안했으면 좋겠다. 그런데도 여전히 바쁜 삶을 살고 있다. 클라리넷 연주를 배우고, 책도 읽으며, 자신의 일을 하고 있다.

얼마 전 우스갯소리로 "얼룽너머님 퇴임식 하시면 제가 꼭 가야죠."라고 말했더니, 그분이 이렇게 답하셨다. "감사합니다. 못 오셔도 파파님이 계신다고 생각할게요." 부담을 주지 않으면서도 따뜻하게 챙겨주는 그 말이 참 인상 깊었다. 이런 대화의 기술은 나이가 들면 자연스럽게 알게 되는 걸까? 얼룽너머님은 단단하면서도 담담하다. 이제 마흔이 된 내가 예순이 된 그분께 꼭 드리고 싶은 말이 있다. '얼룽너머님, 슬플 때는 슬프다고, 아

2장

플 때는 아프다고 말해주세요. 그동안 참아 오신 시간이 충분했잖아요. 이제는 더 이상 참지 않으셔도 돼요.' 이 글을 쓰며 나도 눈물이 난다. 아마 이 글을 읽는 얼룽너머님도 눈시울이 뜨거워졌을지 모르겠다.

추천의 글

얼룽너머

제목 : 그립다는 것은 그래서 가슴을 후벼 파는 일이다

후회스러운 일이 많다. 삶이 어떤 것인지 희미하게나마 가늠할 수 있는 나이가 되니 앞으로 해야 할 일보다는 잘못 걸어온 발걸음만 유독 눈에 띄었다. 진작 눈치를 챘더라면 이처럼 비틀비틀 걸어오진 않았을 텐데.

시인이 던진 처음 이야기부터 이 책은 나에게 남달랐다. 나의 마음을 대변해 주는 말을 찾지 못했던 나에게 나의 마음을 핀셋처럼 콕 집어 말해 주었다. 시를 좋아하긴 하나 시에 대한 해석이 부족했던 나에게 친절하게 설명해 주고 있었다.

바람이 불지 않으면 세상살이가 아니다

그래, 산다는 것은

바람이 잠자기를 기다리는 것이 아니라

그 부는 바람에 몸을 맡기는 것이다.

바람이 약해지는 것을 기다리는 게 아니라

그 바람 속을 헤쳐 가는 것이다.

<이정하, 『너는 물처럼 내게 밀려오라』 문이당, 2021>

이 시를 보면 제주인으로 바람이 많은 제주에 산다는 것은 바람과 친할 수밖에 없는 운명을 지녔다는 생각을 했다. 바람은 섬사람의 삶을 통째로 바꾸었다 해도 과하지 않을 듯하다. 억센 말투, 짧은 언어, 구멍이 숭숭 난 밭담, 모래로 덮인 밭 등 바람이 주는 불편함은 많지만 그 바람 속에서 강인함을 키우고 정을 나누면서 보듬어 살아낸 제주의 삶을 사랑한다. 우리 부모들이 어려움 속에서도 슬기롭게 대처하면서 살아 온 제주의 모습이 그려지는 시이다.

비 갠 오후,

햇살이 참 맑았는데

2장

갑자기 눈물이 났습니다.

세상이 왜 그처럼 낯설게만 보이는지

그대는 어째서

순식간에 왔다 갑니까.

<이정하, 『너는 물처럼 내게 밀려오라』 문이당, 2021>

햇살이 너무 고와서 눈물이 났던 적이 있었다. 봄을 싫어하
던 나에게 고운 햇살과 함께 떨어지는 벚꽃이 '나는 사랑스
러운 봄이야.'라고 말을 거는 듯 했다. 그 봄에 난 집에 가장
처럼 살고 있음이 아주 버거웠다. 봄을 느끼지 못하던 시기
에 그 하루가 눈물 나게 아름다웠다. 그리고는 세상이 낯섦
에서 친숙함으로 다가왔다.

'그냥 살아 보라고.'

'가장이 원래 남자만 하는 것은 아니라고.'

'아무것도 없던 나무에서 꽃이 피듯, 비 오다 새초롬하게 말
간 얼굴로 인사하는 하늘처럼 너에게도 지금은 뿌리 내리는
시기가 지나고 꽃이 필거라고.'

지금 돌아보면 그 시절에 눈물이 나를 도닥거렸고 현재의 내가 있다고 생각하는데 요즘은 그런 눈물이 그리울 때가 있다. 감성이 점점 무디어지는 것은 내 가슴에 탄력성이 떨어지기 때문이 아닐까 생각하면서 이 시를 읽으면서 아름다운 햇살을 그리워 해 본다.

그립다는 것은

그립다는 것은

아직도 네가

내 안에 남아있다는 뜻이다.

그립다는 것은

지금은 너를 볼 수 없다는 뜻이다.

볼 수는 없지만

보이지 않는 내 안 어느 곳에

네가 남아있다는 뜻이다.

그립다는 것은 그래서

내 안에 너를

샅샅이 찾아내겠다는 뜻이다.

그립다는 것은 그래서

가슴을 후벼 파는 일이다.

가슴을 도려내는 일이다.

<이정하, 『너는 물처럼 내게 밀려오라』 문이당, 2021>

육십이 넘은 이 나이에 '그립다'라는 말이 이렇게 사무치게
와 닿는 시를 만난 것은 내 감정이 시에 이입되었기 때문이
리라. 살면서 '사랑해요', '그리워요', '보고싶어요'라는 말은
인사처럼 해 오는 말이다. 그런데 볼 수 없는 사람을 그리워
하는 사무친 마음이 이제야 가슴을 후벼 파고 도려내는 아
픔인지를 절절히 알게 되었다.

어머니 나이 마흔에 생각지도 않은 딸을 낳아서 행복했던
어머니. 그 어머니 나이에 딸은 어머니를 여의었다. 어머니
는 딸을 낳아 행복했을지 몰라도 딸은 그다지 행복하지 않
았다. 뽀글거리는 파마가 조금씩 유행하던 그 시기에 어머
니는 쪽진 할머니 머리를 하고 다녔고, 쌀밥에 소시지를 먹
는 아이들도 있던 때였지만 늘 보리밥에 영양가 없는 반찬
만 놓였다. 지금 생각해보면 남편 없이 달랑 둘만 먹는 밥상
은 경제적인 여유도 없었겠지만 손이 덜 가도 무방했을 듯

하다. 이런저런 까닭들이 늘 빈곤하게만 여겨졌던 딸은 결핍을 달고 살았다.

그러다 시집을 가고 가정을 이루면서 언제나 바쁘게 종종거리면서 살았다. 나름 결핍들이 채워졌고, 어머니가 이루지 못한 남편이라는 울타리도 견고하게 쳐진 삶이 조금은 풍족하게 여겨졌다. 그리고 나이 많은 엄마 역할이 아니고 젊은 엄마 역할에 어릴 적 결핍을 보충한답시고 열심히 자식 뒷바라지에 매진했다. 그러는 사이 어머니의 늙어감은 보이지 않았고 팔십을 넘어서 돌아가시는 것은 천운이니 어쩔 수 없다고 생각도 했었다.

세월은 나에게도 오는 것임을, 지금 알고 있는 것을 그때 알았더라면 '그립다'는 말이 이렇게 사무치진 않았을 것을. 효도를 하고 싶어도 효도 받을 부모님이 안 계신다는 말이 왜 있는지, 조금만 일찍 알았더라면 하고 후회를 하고 또 해 본다. 부모상에 조문을 다녀 온 날이면 어김없이 찾아오는 명치 통증은 나에게 주는 벌임을 알면서 어머니를 불러본다.

'엄마, 그립습니다. 엄마가 보내 온 그 수없이 많은 그리움의 사인을 왜 그리 몰랐을까요? 지금은 내가 사인을 보내는데도 이번엔 엄마가 모른척하네요. 그래서 제가 엄마를 찾아볼게요. 샅샅이, 엄마 계신 곳까지 찾아서 샅샅이.'

한 달이 지나, 1기의 수업을 마무리했다. 함께해 준 멤버들에게 깊이 감사했다. 나를 잘 알지 못하면서도 끝까지 함께해 준 첫 번째 기수들은 오래 기억에 남을 것이다. 우리는 지금도 서로 소통하며 지내고 있다. 그들의 믿음과 열정은 나에게도 큰 감동을 주었다. 글쓰기를 다시 시작하고, 그것이 습관으로 자리 잡기까지 한 달은 짧았다. 하지만 온라인 글쓰기는 언제 어디서나 할 수 있다는 장점이 있다. 의지만 있다면 누구나 글쓰기를 시작할 수 있었다. 나는 그들에게 지속적으로 동기를 부여하고, 글쓰기를 통해 자기 자신과 마주할 수 있도록 돕고 싶었다. 그래서 과정이 끝난 후에도 우리는 여전히 단톡방에서 함께하고 있다. 서로의 안부를 묻고, 블로그가 성장하면서 마주하는 자기 반론과 다양한 난관에 대해 경험을 나눈다. 함께 성장하는 기쁨을 느끼며, 우리는 또 다른 도전을 준비하고 있다.

글쓰기에 있어서 환경 설정은 매우 중요하다. 함께 힘을 모아 한 달을 보내면서 글쓰기에 익숙해졌지만, 이제는 스스로의 힘으로 지속할 수 있는지가 관건이다. 성과에 대한 피드백 없이도 꾸준히 쓸 수 있는지는 철저히 본인의 의지에 달려 있다. 그래서 나는 과정이 끝난 후 일정한 시간을 두고 다시 그들에게 다가갔다. 예순에 가까운 사람들은 이미 자신만의 생활습관을 확립한 상태다. 한 달 동안 함께하면서, 스스로 글쓰기를 지속할 수 있는지에 대한 기준이 세워졌을 것이다. 나는 그들이 그 기준을 찾기를 바라며 기다렸다. 누구의 조언이나 설득만으로는 해결되지 않는다는 것을 알고 있다.

이 시기에는 자기 검열이 강화된다. '내가 글을 잘 쓰고 있는가?', '내가 계속 글을 써도 되는 사람인가?'라는 질문들이 자신을 괴롭힌다. 소통 역시 감정 소모가 따르는 일이다. 시간이 지나면 피로감을 느끼기 마련이다. 체력과 마음의 여유가 필요한 순간이다. 이웃이 남긴 댓글에 답해야 한다는 부담 역시 생긴다. 마흔은 그러한 부담에 쫓기지만, 예순은 다르다. 한때는 그런 마음이 있었겠지만, 곧 자기 자리를 찾아온다는 것을 느낀다. 뭔가 이루려는 마음으로 글을 쓰는 사람은 조회수나 댓글에 연연하지만, 나를 위한 글쓰기를 즐기는 사람은 그것에 얽매이지 않는다. 글이 좋아서 글을 쓰는 사람은 오랫동안 글을 쓸 수 있다. 그들은 세월 속에서 얻은 지혜로, 스스로를 가두지 않는다. 그 마음은 글쓰기의 진정한 즐거움으로 이어진다.

첫 번째 과정을 마친 후, 나는 두 번째 기수를 모집했다. 이번에는 60대 이상의 멤버들로 다섯 명을 만들고 싶었다. 이것이 '다섯손가락' 프로그램의 원래 취지였다. 첫 기수에서는 다섯 명을 모집했지만, 네 명만 지원했었다. 그리고 모두 60대는 아니었다. 그때는 많은 고민이 있었다. 지원자가 부족하니 프로그램을 연기할까? 신청한 분들에게 인원이 채워지지 않았다고 양해를 구할까? 그런 생각들이 머리를 떠나지 않았다. 하지만 그 네 명과 함께 시작한 것이 모든 것을 바꾸었다. 만약 그때 멈췄더라면, 지금까지 이어지는 강의는 없었을 것이다. 가능성은 시작한 뒤에야 열린다는 것을 나는 그때 배웠다. 내가 처음 도전을 포기했다면, 오늘날 이 강의가 계속될 수 없었을 것이다. 그 시작이 없었다면 지금의 나도 없었을 것이다. 때로는 아주 작은 첫걸음이 큰 변화를 불러오기도 한다. 그것이 나에게 주는 깨달음이었다.

두 번째 기수 모집에서는 무려 41명의 지원자가 몰렸다. 시작하지 않았다면 있을 수 없는 일이었다. 진심을 다하지 않았다면 불가능했을 일이었다. 이렇게 많은 분들이 글쓰기에 대한 열정을 가지고 있다는 사실에 감동했고, 그들의 기대에 부응해야겠다는 책임감도 느꼈다. 나는 지원자들의 사연을 하나하나 읽으며 깊이 고민했다. '어떤 분들에게 가장 큰 도움을 줄 수 있을까?' 라는 생각이 머릿속에서 떠나지 않았다. 이번에도 60대 이상을 우선 조건으로 두고, 그들의 사연을 기준으로 다섯 분을 선발했다. 그렇게 평균 연령 62.2세의 '다섯손가락 레전드 2기'가 탄생했다. 두 번째 기수는 나에게도 새로운 시작을 의미했다. 첫 번째 도전에서 많은 고민을 했던 내가, 이제는 더 많은 이들의 이야기를 들으며 함께 걸어갈 수 있게 된 것이다.

작은 시작이 결국 새로운 도전을 불러왔고, 그 도전이 또 다른 기회를 만들어 주었다. 나는 이번에도 그 과정을 통해, 다양함은 결국 단순한 시작에서 비롯된다는 사실을 다시금 느꼈다. 진심으로 시작한 일이, 가장 큰 결과를 만들어낸다는 것을 말이다.

4

우리들의 왕언니,
일체유심조의 삶

블로그를 시작하고, 글쓰기를 하며 이웃들과 소통하면서 다양한 삶의 현장을 누비는 재미에 푹 빠져 지내는 블로거 '싱싱고'로 살고 있다. 아직 80대, 90대는 살아보지 못했지만, '나는 죽을 때까지 재미있게 살고 싶다.'라는 말처럼 살고 싶다.

<싱싱고>

생각해 볼 수 있는 70세가 있다면 떠올려보라. 나의 아버지는

마흔이 예순을 만나다

70대 중반이다. 가까이서 생각할 수 있는 70대의 모습이다. 싱싱고님을 처음 만났을 때가 기억이 난다. 카카오톡을 통해서 전달되는 글의 느낌이나 사용하는 이모티콘으로는 도저히 나이를 짐작할 수 없었다. 몇 번의 수업을 통해 알게 된 그 분의 나이는 74세였다. 지금 싱싱고님은 나이로만 보면 상상할 수 없는 에너지를 지니고 있다. 블로그에 3,000명의 이웃이 있다. 여행 중에 인스타그램 릴스와 게시글을 올린다. 캘리그라피를 배우고 민화를 그리며, 운동도 빼놓지 않는다. 캠핑카를 타고 전국을 여행하며 자신의 삶을 기록한다. 그 삶의 모습은 그 나이에 대한 고정관념을 완전히 깨트린다.

첫 수업에서 "안녕하세요, 싱싱고예요."라는 인사를 들었을 때, 나는 그저 60대 초중반쯤 될 것이라 생각했다. 반갑게 인사를 나누고, 본 강의를 진행했다. 사실 60대에 줌을 연결해 강의를 듣는다는 것만으로도 대단한 일이라고 생각했다. 그때부터 질문이 시작되었다. 왜 굳이 이런 도전을 할까? 예순과 일흔의 나이에 밤 11시 가까운 시간까지 자신을 발전시키고 싶어 하는 이유는 무엇일까? 왜 자신의 이야기를 글로 쓰고 블로그로 소통을 하고 싶을까?

싱싱고님을 보면, 그에 대한 해답이 보인다. 처음에는 블로그를 휴대폰으로 했다. 컴퓨터 사용이 익숙하지 않기 때문일 것이다. 첫 번째 줌(Zoom) 수업 때 손자가 옆에서 도와주며 줌 화면을 연결해 주었다. 손자와 이야기를 나누던 싱싱고님과 손자의 대화가 마이크를 통해 들려왔다. 그때 나는 생각했다. '휴대폰으로 블로그를 할 수 있다면, 컴퓨터 사용을 어렵게 느끼는 다른 예순도 시작해 볼 만하지 않을까?' 그때부터는 휴대폰으로 블로그를 하는 방법에 대한 내용도 서서히 강의에 포함시켜 보게 되었다.

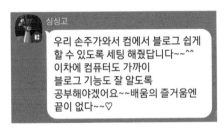

물론 작은 화면에서 글을 쓰는 것은 쉽지 않다. 마흔인 나에게도 쉽지 않은 일이다. 그래서 싱싱고님께 컴퓨터로 해볼 것을 권하고 싶었지만, 휴대폰으로 블로그를 시작했다는 자체로도 이미 대단한 도전이라고 생각했다. 결국, 중요한 건 도전에 대한 내 의지가 필요하다. 본격적으로 배움을 시작하고 몇 주가 지났을 때였다. 싱싱고님께서 "아들이 노트북을 사주기로 했어요."

라고 말씀하셨다. 그 이야기를 들으며 생각했다. '더 잘하고 싶으셨구나.' 단순히 답답해서가 아니라, 나이를 뛰어넘어 성장을 이어가고 싶으신 그 마음이 참 아름다웠다. 싱싱고님과 함께하면서 나는 더 이상 나이가 중요한 것이 아님을 깨달았다. 나이든 강사와 젊은 수강생, 혹은 그 반대의 구도가 아니라, 우리는 서로 배우며 함께 성장하고 있었다.

나이가 들면 정말 변할 수 있을까? 많은 사람들은 '사람은 쉽게 변하지 않는다.'고 말한다. 나 역시 직장에서의 쓴 경험을 통해 사람은 쉽게 바뀌지 않는다고 결론을 내린 적이 있다. 그러나 '변하지 않는다.'는 말의 전제는 '타인에 의해 바뀌지 않는다.'는 것이다. 스스로 변화하고자 하는 마음이 들 때만 진정한 변화가 가능하다. 살아가며 그런 순간이 몇 번이나 찾아올지 모른다. 익숙한 현실에 안주해 그저 흘려보낼 수도 있고, 이번엔 바뀌어야 하지 않을까 고민하며 나 자신을 탐구할 수도 있다. 작은 행동이라도 시작한다면, 행운이라는 이름의 기회가 다시 찾아올지 모른다. 나 또한 우연히 보던 책 제목에 끌려 변화의 계기를 찾은 적이 있다. 금연을 결심했던 날도 그랬다. 싱싱고님도 그 변화를 향한 순간을 맞이하신 것 같다. 더 나아지기 위해 아들의 도움을 받아 노트북을 선택하신 그 마음이야말로 변화를 향한 첫걸음이다.

내가 그분의 아들이라면 어떤 마음이 들었을까? 70대 어머니가 온라인에서 3천 명과 소통하며 더 큰 성장을 꿈꾼다면, 지켜보는 아들의 가슴은 뭉클했을 것이다. 세월이 흘러가는 중에도 여전히 배우고 성장하려는 어머니의 모습을 보며, 자부심이 가득했을 것이다. 부모 세대가 젊었을 때의 어려움을 생각해보면 더욱 그렇다. 힘든 환경에서 자녀를 키우고, 헌신적으로 가정을 돌본 우리 부모님 세대가 자녀가 다 자란 뒤 느꼈을 공허함을 생각해본다. 그럼에도 불구하고, 나이가 들어서도 자신을 위해 새로운 도전을 이어가고 있다는 것은 얼마나 대단한 일인가?

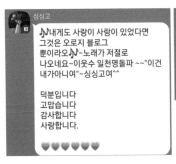

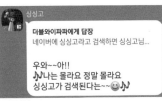

싱싱고님을 보면 그런 생각이 든다. 나이 들어서도 배움의 기회를 놓치지 않고, 자신의 삶을 더 풍요롭게 만들어가는 모습이 경이롭다. 노트북을 선물해주는 아들과 설치를 도와주는 손자의 모습까지, 그 모든 과정이 참 아름답다. 그렇게 싱싱고님은 일흔에도 할 수 있다는 것을 보여준 '다섯손가락'의 대표 주자가 되었다. 그 나이에 도전하는 용기와 배움에 대한 열정이 빛나는 '왕언니'의 탄생이었다.

언젠가 싱싱고님과 대화를 나누던 중, 추천사에 대한 이야기가 나왔다. "제가 책을 쓰면 추천사 꼭 부탁드려요."라고 웃으며 말했다. 그 대화가 오래 지나지 않아 현실이 되었다. 60대를 위한 블로그 입문서 전자책을 제작하면서, 나는 자연스럽게 싱싱고님께 추천사를 부탁드렸다. 싱싱고님은 흔쾌히 수락해 주셨고, 그 결과 감동적인 추천사가 탄생했다. 추천사 내용 중 일부를 소개한다.

"싱싱고님이 초등학교를 졸업한 손자가 있을 줄은 몰랐습니다."
제 블로그 글에서 댓글을 주신 더블와이파파님, 제 기억에 그냥 이웃님으로 댓글을 주신 분과 다르게 손자를 둔 블로거임에 놀란 듯, 이것

2장

이 더블와이파파와의 블로그 인연. 신중년이 블로그를 해야 하는 이유를 살펴보자면, 60대 이후는 치열한 삶의 현장을 떠나는 시기다. 자녀들도 부모의 손길을 벗어나 세상 밖으로 진출. 어깨의 짐이 가벼워진 듯하면서도 아이들 방을 볼 때마다 공허한 맘이 생긴다. 이런 게 '빈 둥지 증후군'이라고... 개인차는 있겠지만 가벼운 우울증이 찾아오는 시기도 이때쯤이다. 원초적 외로움이 나를 휘감고 있을 때, 도서관을 찾아 독서의 즐거움으로 외로움을 상쇄시키다 보니, 내 마음과 소통하는 나 자신을 발견. 이걸 글로 표현해 보고 싶은 충동이 샘솟는다. 일단 손주의 도움으로 내 블로그를 만들었다. 블로그 인연도 남녀노소 다양한 삶의 모습과 지성들을 만남에 내 삶이 풍요로워지는 인연이 되었다.

<손자 넷을 둔 74세 '싱싱고'의 블로그 예찬>

추천의 글

싱싱고

제목 : 참 좋다! 지금 이 나이도

'그 나이가 되어야 그 나이를 이해한다.'는 말에 수긍이 간다. 60대 초반 어느 날 아침, 라디오 방송을 듣는 중 이런 설문 조사를 했다고 한다. "여러분의 부모님께서 몇 세쯤까지 건강하게 사셨으면 좋겠나요?" 사회자가 청취자 여러분의 생각이 어떤지 질문을 던져 놓고, 노래 한 곡 듣고 잠시 후에 발표하겠다는 멘트를 남겼다. 나도 생각해보니, '80세까지는 그래도 건강하게 사셨으면 좋지 않을까?'

노래 한 곡이 끝나자, 라디오 사회자가 돌아와 그 결과를 보고는 노발대발했다. 표현이 과격하지만, 화난 흥분을 감추지 않았다. 바로 65세. 연령대별로 조사했겠지만, 평균적으로 부모님께서 65세까지는 건강하게 사셨으면 좋겠다는 바람이었다. 사회자 역시 60대 초반이라, 충분히 그 심정을 이해했다. 내심 나도 '65세?'라고 놀랐으니까.

초임 시절, 그때는 여교사가 많지 않아서 지역별로 여교사회 모임이 있었다. 여교사의 친목과 지역 대표 활동, 지위 향상과 업무에 대한 정보 교환을 위한 모임이었다. 그때 대표 회장은 37세였는데, 그 나이가 얼마나 많아 보이고 능숙하고 노련해 보였는지, 어깨에 권위가 뿜뿜했다. "○○○ 선생님, 이거 맡아 해 주세요." 이 한마디에 임금의 명령을 받은 신하처럼 꼼짝할 수 없는 지상 명령이었다. 고개가 저절로 숙여지며 "네."라고 답했다. 37세, 지나온 나이가 되고 보니, 그 나이가 얼마나 젊고 활력이 넘치는 청춘의 절정이었는지 새삼 깨닫게 된다. 20대 초반이 30대 후반을 보는 나이는 하늘을 보듯 했으니, 부모님의 나이를 어떻게 가늠할 수 있었겠는가. 65세라는 숫자는 자기와는 한참 먼 나이기에, 짐작으로만 대답할 수밖에 없다. 이건 설문 자체에 문제가 있다고 생각했지만, 듣는 순간에는 기분이 좋지 않았다. '그럼, 나도...'

내 나이를 돌아보니, 유아 시절은 부모님의 몫이기에 생략한다. 10대 초반, 공부는 평소 실력이라는 친정아버지의 말처럼, 친구들과 노느라 해가 지는 줄도 몰랐던 활발한 계집애였다. 중3 때까지 소꿉놀이를 했다. 10대 후반부터 20대까지는 잠시 입시와 대학 생활로 머리를 싸맸지만, 그야말로 청춘 예찬이었다. 30~40대는 결혼 생활과 육아를 병행한 교직 생활로 내 인생 최대의 열정과 에너지를 쏟았지만, 가족을 이루고 성장시키는 보람된 삶을 살았다. 50대는 그야말로 인생의 황금기였다. 아이들이 성장해 사회로 진출했고, 내 손이 덜 가니 취미 활동에 전념할 수 있었다. (유화, 민화, 댄스 등) 60대는 부부가 은퇴하고, 자녀들이 결혼하고 분가하며 손주들이 태어났다. 손주 양육의 새로운 체험을 하며, 두 번 새끼가 더 귀엽다는 말을 실감하는 13년을 보냈다. 70대 초반에는 도서관을 참새 방앗간처럼 드나들고, '나는 자연인이다', '나나랜드', '황금 연못', '걸어서 세상 속으로' 같은 프로그램을 시청하며, 비록 TV 출연은 안 했지만 가상의 카메라 앞에서 주인공처럼 살고 있다.

블로그를 시작하고 글쓰기를 하며 이웃들과 소통하면서 다양한 삶의 현장을 누비는 재미에 푹 빠져 지내는 블로거 '싱싱고'로 살고 있다. 아직 80대, 90대는 살아보지 못했지만, '나는 죽을 때까지 재미있게 살고 싶다.'라는 말처럼 살고 싶다. 건강하게 65세를 지났으니, 여생도 즐겁게 살다 소풍 가듯이 가면 좋겠다.

세 번째 스무 살,
제대로 살아보기

Live as if you were to die tomorrow.
Learn as if you were to live forever.
내일 죽을 것처럼 살고, 영원히 살 것처럼 배워라.

— 마하트마 간디

경쟁사회인 그 곳에서 벗어나 보니,

타인과 비교되지 않은,

비교할 필요도 없는 내 본래 모습이 있다.

이제 세상에 비교 대상은 어제의 나일뿐, 그 누구도 아니다.

어제보다 더 나아진 나, 그거면 족하다.

매일 매일 조금씩 자라는 나무처럼,

성장해가면 된다.

<담서제미>

'세 번째 스무살'이라는 말을 담서제미님을 통해 처음 들었다. 예순을 표현하는 데 이보다 더 좋은 표현은 없었다. 담서제미님의 블로그 타이틀은 '세 번째 스무살, 제대로 미쳐라'였다. 그 문구에서 결의보다는 설렘이 더 강하게 느껴졌다. 마치 새로운 시작 앞에서 가슴 뛰는 마음을 고스란히 담고 있는 것 같았다.

담서제미님은 내가 100번째 블로그 이웃이라고 했다. 그 말을 들으니 누군가에게 의미 있는 존재가 되었다는 기분이 들었다. 첫 만남이 선명하다. 60대 이상의 신청자를 모집할 때, 담서제미님도 신청했다. 여러 조건이 잘 맞아 선발하고 싶었는데, 얼마 지나지 않아 다시 글이 올라왔다. 다른 신청자가 많아 자신보다 더 필요한 사람에게 기회를 주고 싶다는 내용이었다. 혹시나 본인이 속도를 따라가지 못해 다른 사람에게 피해를 줄까 봐 양보하려 했다고 하셨다. 그 말 속에 담긴 배려심이 깊이 와 닿았다. 나는 그분과 여러 번 댓글을 주고받으며 그분의 진심을 알게 되었고, 결국 합류하기로 했다.

실은 제가 워낙 아날로그라 혹시라도 강의를 못 따라가면 누가 될까 봐 미안해서요. 이왕 블로그에 글을 쓰기로 한 거 체계적으로 배워보고 싶다는 마음도 강합니다. 그런데 그것 때문에요. 제 특기가 끈기거든요. 한 번 시작하면 더디더라도 꼭 해내기는 하는데, 인터넷은 워낙 빠르게 돌아가잖아요. 그래서 망설인 거랍니다.

사실 다른 신청자도 있었지만, 나는 담서제미님에게서 느껴지는 특별한 무언가에 끌렸다. 처음부터 그분의 따뜻한 마음과 성실함이 느껴졌고, 나도 그분에게 도움이 될 수 있을 것 같은 확신이 들었다. 그 선택이 틀리지 않았다는 사실은 금방 알 수 있었다. 그분은 퇴직을 앞두고 있었고, 퇴직 후의 삶을 새롭게 설계하는 과정에서 글쓰기가 중요한 역할을 하고 있었다. 함께 하는 동안 정말 열심히 노력하셨다. '성실함은 자신 있다'던 그 말은 단순한 말이 아니었다. 담서제미님은 전 기수에서 같은 기간 동안 가장 빠르게 성장하셨다. 그분의 발전은 눈에 띄었고, 다른 연령대 분들과 비교해도 탁월했다.

무엇이 예순의 담서제미님을 이렇게까지 성장하게 만들었을까? 마흔의 내가 예순의 그분을 보며 느낀 세 가지가 있다. 첫째는 글에 대한 깊은 애정이다. 담서제미님의 글은 단순한 글을 넘어섰다. 마치 살아 있는 감정이 담겨 있는 듯했다. 그분은 글을 쓰는 것 자체에 기쁨을 느꼈고, 보는 이도 자연스럽게 그 기쁨에 동참하게 되었다. 단기간에 많은 팬을 얻게 된 것도 그 이유일 것이다. 둘째는 삶에서 배운 끈기와 신념이었다. 목표를 세우면 반드시 이루겠다는 삶의 자세가 그분의 글에서도 행동에서도 드러났다. 함께한 한 달 동안, 나의 방향을 전적으로 믿고 따랐고 그 신념은 흔들림이 없었다. 셋째는 공감과 사랑의 능력이었다. 댓글을 주고받는 과정에서 그분은 따뜻함과 냉철함을 모두 보여주셨다. 그 속에서 느껴지는 공감 능력은 정말 특별했다.

과정을 마친 후, 담서제미님은 브런치 작가로 합격했다는 소식을 전해주셨다. 강의를 하면서 알게 된 사실인데, 그분은 종이 책을 출간한 기성 작가였다. 하지만 자신이 작가라는 것을 밝히지 않고, 오로지 담서제미라는 이름으로 과정을 함께하고 싶었다고 하셨다. 그 이야기를 듣고, 나는 그분을 더 존경하게 되었다. 늘 씩씩하고 밝은 분위기를 유지하던 담서제미님도 사실은 마음속에 깊은 아픔을 감추고 있었다. 하지만 그분은 자신의 아픔을 쉽게 나누지 않았다. 아주 가까운 사람들에게만 그 감정을 살짝 내비쳤고, 나는 운 좋게도 그 이야기를 들을 수 있었다. 그 아픔을 공유하게 된 순간, 나는 그분과 더 깊이 연결된 느낌이었다. 때로는 가까운 사람이란, 말로 설명되지 않는 깊이에서 서로를 이해하는 사람일 것이다.

4월 29일 오후 9시 30분, 블로그에서만 소통하던 내 100번째 이웃 더블와이파파님과 다섯손가락 멤버들이 만나던 날. 그날의 설렘과 기대를 잊지 못한다. 전날부터 영상과 마이크 테스트, 시작 30분 전부터 노트북 앞에서 대기. 얼른 만나고 싶은 마음에 미리미리 준비를 했다. 한 달간의 수업을 통해 기능적인 것은 물론이고, 그보다 더 중요한 가치와 돈 주고도 살 수 없는 귀한 인연을 만났으며, 선한 영향력을 배웠다. 설렘과 기대는 역시나였다. 수업은 마무리가 되었지만, 이것은 끝이 아니라 시작임을 잘 안다. 세 번째 스무 살, 제대로 미칠 준비 완료. 시절 인연이라는 말이 아니면 다른 걸로는 설명할 길이 없다. 나의 블로그 스승이자 멘토이신 파파님과 다섯손가락 친구들에게 감사와 고마운 마음을 전한다.

예순이라는 나이는 아픔을 감추는 데 익숙한 시기인 것 같다.

그분도 그랬다. 마음이 아플 때조차도 담담하게 풀어내는 모습에서, 예순이라는 나이의 고요한 힘을 느낄 수 있었다. 그분이 얼마나 힘들었는지는 알 수 없었지만, 그 나이대 사람들이 가진 공통된 방식인 듯했다. 나는 담서제미님을 통해 많은 것을 배웠다. 나의 아픔과 슬픔을 어떻게 표현해야 하는지, 그리고 상대방을 어떻게 위로해야 하는지를 말이다. 그분의 위로는 말 없는 공감이었다. 그저 가만히 곁에 있다가, 일정 시간이 지나면 툭 던지는 가벼운 한마디. 그 한마디는 가벼운 것처럼 보였지만, 결코 가볍지 않았다. 그 한마디가 주는 깊은 울림을 느끼며, 나는 그분에게서 위로의 기술을 배웠다.

방향을 잃고 내 길을 의심하는 순간들이 반복될 때, 예순을 넘긴 담서제미님이 나에게 지혜를 나눠주셨다. 그분은 오랜 세월을 통해 얻은 삶의 깊이를 가만히 전해 주었고, 나는 그 이야기를 들으며 다시 마음을 다잡았다. 우리는 서로 다른 세계에 살고 있었지만, 나는 블로그의 기술을, 담서제미님은 삶의 기술을 나누며 서로에게 배웠다. 기술이 다르더라도 그 본질은 같았다. 삶이든 글이든 중요한 것은 자신의 길을 잃지 않고 계속 나아가는 것이며, 때로는 그 길에서 만난 사람의 지혜가 큰 힘이 된다는 사실을 깨닫게 되었다.

담서제미

제목 : 내 비교 대상은 어제의 나

소란 소란, 도담도담 네발 달린 의자가 온몸으로 비를 맞고 있었다. 아들이 사범대 수학교육과를 수석으로 들어갔는데 임용고시는 왜 그렇게 떨어지는지 모르겠다는 한숨도 나이 드니 남편보다도 자식들 눈치가 더 보인다는 뒷다리도 저 의자 안에 다 들어 있다. 우리 동네 공원에 조성된 황톳길은 동네 사랑방이다. 잠시 바람을 쐬러 나갈 때마다 30분 정도 걷다오는 길이기도 하다.

오후 다섯 시쯤 그 앞을 지나면 그곳에 앉아 계시는 80대 초반 할머니를 만날 수 있다. 그 옆에는 목줄을 푼 하얀색 푸들이 고개를 내밀고 있다. 할머니는 그 길을 걷는 모든 사람에게 하회탈 미소를 지으며 인사를 한다. "오늘도 나왔소." 한 번이든 두 번이든 상관없이, 그 미소를 본 사람들은 그 앞에서 무장해제가 된다. 어느 날은, "계속 걸으면 다리 아프니 앉았다가"라며 자리를 비켜주기도 하고, 어떤 날은 초코파이 하나를 내 밀기도 한다.

할머니가 의자에서 일어나 황톳길을 걸으시는 걸 본 적은 없다. 그곳에 갈 때마다 만났던 그 분 모습이 보이지 않은 날은, 허전하다. 비가 그치자 "삼십 분만 걷고 와야지."라며 길을 나섰다. 그 분이 앉으셨던 자리에 하늘색 우산과 몸통은 은색, 뚜껑은 연두색인 통컵이 한쪽에 놓여있다. 혹시나 하는 마음에 황톳길을 둘러보니 저편에서 걸어오신다. "오늘은 웬일로 걷기를 다 하세요.", "나라고 맨날 앉아 있기만 하것어. 오늘은 땅이 고실고실하니 걸어야제, 지도 얼마나 외로웠것어. 비가 오니 맨날 오던 사람도 안 오고, 홀로 지키고 있을라니 힘들것다 싶어서."

말이 그대로 시다. 비가 와서 사람들이 안 오니 공원도 의자도 외로웠을 거란다. 그 외로움을 달래주려고 나왔다는 거다. "어디 사세요. 나, 여기 옆 아파트, 영감 작년에 가버리고." 삼십 분만 걷고 들어가려던 나는 그 옆에 않는다. 공원이 외로운 게 아니라 할머니가 외로운 거였다. 몇 살이냐, 어디 사냐, 무슨 일을 했냐, 할머니 질문에는 브레이크가 없다. 호주머니에서 인삼사탕을 꺼내 먹으라며 준다. 껍질이 잘 안 뜯기자 "에고, 이거 하나 못 뜯고, 해주께."라며 뜯어주신다. 혹시 연세가 어떻게 되세요. "웅, 나 쬐금 밖에 안 먹었어. 8학년 3반.", "오, 정말요. 저는 칠십 대 중반 인줄 알았어요." "오메, 오메, 먼 소리여. 젊게 봤단 게 좋긴 좋소."

칠십 대 중반처럼 보인다는 말 한마디에 하회탈 미소가 빙그레 웃는 반달이 된다. "아직도 애기 나이인 게 한마디 하자문, 남들과 비교할 것은 하나도 없어, 비교를 할라믄 어제의 나랑 비교를 해야제, 뭣할라고 남들과 비교를 해, 남이 내 인생 살아준 것도 아닌디. 어제보다 오늘 더 건강하고, 오늘 밥 한 손가락 더 먹으면 되고, 창 한가락 더 하면 그것이 나아진 거여."

세상에, 이럴 수가. 60대인 내가 80대에게는 애기가 되는 나이라는 생각은 단 한 번도 해본 적이 없다. 게다가, 비교를 하려면 다른 사람하고 하지 말고 어제의 나하고 하란다. 어제보다 얼마나 더 나아졌는지, 더 성장했는지 나랑 비교해야지 다른 사람들과 해 봤자 아무 소용없다며 세월 속에서 녹아낸 경험을 이야기해 주신다. "부질읍어. 그렇게 살아본 게 싸움만 남더라고, 욕심 부릴 것도 읍고, 내가 좋으면 좋은 거여."

욕심도 비교도 부질없으니 내가 좋아하는 것을 하면 된다는 말은 살아있는 명언이다. 사람 인연이라는 것이 참 묘하다. 피부 두드러기를 핑계 삼아 공원에 나오지 않았다면 어찌 이런 말을 들을 수 있었겠는가? 공원에 사람이라고는 단둘인 이곳에서 이런 현자를 마주치다니. 할머니에게는 애기 나이라는 60살이 되어보니, 조급함은 느리게, 천천히로 채워지고, 욕심이 없어지니, 이미 있는 것만으로도 충분하다. 한때, 스스로를 갉아먹었던 그 비교조차도 부질없다는 것을 알았으니 어제보다 오늘, 더 성장한 내가 아닌가.

직장생활할 때는 보이지 않던 것들이, 퇴직 후 한발 물러나 있으니 뚜렷하게 보이는 것들이 있다. 경쟁사회인 그 곳에서 벗어나 보니, 타인과 비교되지 않은, 비교할 필요도 없는 내 본래 모습이. 이제 세상에 비교 대상은 어제의 나일뿐, 그 누구도 아니다. 어제보다 더 나아진 나, 그거면 족하다. 매일 매일 조금씩 자라는 나무처럼, 성장해 가면 된다.

6

그래,
이런 내공이 예순이지

무엇인가를 계속 배우고 공부한다는 것, 책을 읽고 생각을 나누며 뇌를 자극한다는 것, 특히 글쓰기를 하는 것은 노화된 지능이나 기억력을 유지하기 위한 꾸준한 노력이 될 것이다. 난 이 대부분을 블로그를 통해 이어가고 있는 셈이다.

<스카이블루킴>

"착한 사람, 너무 열심히 산 사람이 아프더라고요. 더블와이파파님도 건강 살펴 가면서 대충 철저히 하세요.ㅎㅎ

다섯손가락 2기의 과정을 마무리하던 날, 스카이블루킴님이 나에게 이렇게 말했다. 말끝에는 'ㅎㅎ'라는 가벼운 웃음이 붙어 있었다. 하지만 그 속에서 진심이 느껴졌다. 예순인 그분에게 나는 자신을 돌볼 여유 없이 열심히 사는 마흔으로 보였을지 모른다. 마음이 앞서다 보면 자신을 돌보는 일을 놓치기 쉽다. 그분의 말은 나에게 스스로를 돌보라는 따뜻한 위로와 격려처럼 들렸다. 실제로 나는 나와 가족을 돌보지 못했던 시기가 있었을지도 모른다.

스카이블루킴님을 떠올리면 줌 화면 속 모습이 생생하다. 고개를 끄덕이며 늘 무언가를 적고 있었다. 열정적으로 기록하는 모습이 마치 예순의 지혜를 마흔에게 전수하려는 것 같았다. 그러나 그 순간만큼은 나와 스카이블루킴님 사이에는 나이 차이가 중요하지 않았다. 배우고자 하는 수강생과 가르치는 강사로 마주하고 있었다. 퇴직 후 블로그를 시작하게 된 계기를 들었을 때도 그분의 진솔함이 느껴졌다.

남해로 떠난 1박 2일 여행이 그분 블로그의 시작이었다. 한 달살이를 꿈꾸며 남해시에서 지원하는 프로그램에 참여하게 된 것이 계기였다고 했다. 그 때의 첫 글과 최근의 글을 비교해 보면 많은 성장이 있었다. 그리고 눈에 보이지 않는 노력이 있었다. 블로그 디자인이 세련되어진 것도 인상적이었지만, 무엇보다 글의 깊이가 놀라웠다. 시간이 흐르면서 글 속에 쌓인 경험들이 자연스럽게 녹아든 듯했다. 그분의 글은 한 편의 에세이 같았다. 늘 진지한 태도로 강의를 듣고, 고개를 끄덕이며 질문을 던지던 모습이 떠오른다.

남해에서 한달살이를 하고 싶어 시작한 블로그는 이제 그분 자신을 이야기하는 매개체가 되었다. 같은 연배의 독자들과 주고받는 댓글 속에는 깊은 공감이 담겨 있었다. 그분의 글에는 세월의 흔적과 경험의 무게가 함께 묻어 있었다. 1:1 대화에서도 그분은 언제나 수줍게 미소를 지으셨다. 그 미소는 늘 따뜻했다. 블로그를 통해 많은 사람들과 소통하며 더 넓은 세상을 만나고 있었다. 건강을 돌보기 위해 글쓰기를 잠시 중단했던 적도 있었다.

병원 생활을 앞둔 스카이블루킴님은 담담해 보였지만 그 속에 담긴 감정은 결코 단순하지 않았다. 같은 예순의 동료가 그분에게 주는 위로는 특별했다. 침묵 속에서 건네는 짧은 말들이 깊은 울림을 주었다. "진작에 좀 더 잘 돌보지 그랬어. 빨리 나아서 돌아와 줘." 이 말들이 침묵 속에 담겨 있었다. 그분은 아마 자신이 아파서 주변 사람들에게 걱정을 끼치고 싶지 않았을 것이다. 그러나 같은 예순은 속마음을 이미 알고 있었다.

남해가 스카이블루킴님과 나를 이어주지 않았더라도, 글을 통해 우리는 이어졌을 것이다. 그분의 글은 삶을 자연스럽게 스며들게 하는 표현이었다. 블로그 글만 엮어도 한 권의 에세이가 나올 수 있을 만큼, 글은 특별했다. 그분도 몸이 아프면 다른 일을 할 수 없다는 것을 잘 알고 있었다. 그래서 건강을 돌보며 글을 쓰고 계신다. 자연스럽게 그분만의 팬층도 확고해진 듯하다.

이웃과 건강에 대한 이야기를 나누는 댓글에서 건강검진의 필요성을 알게 되었다고 한다. 그 결과 몰랐던 암을 발견했고, 초기 진단을 받을 수 있었다. 모든 것이 다행이라며, 이웃을 알게 된 것과 암을 조기에 발견할 수 있었던 것 모두에 감사해했다. 이러한 마음은 하루아침에 생긴 것이 아닐 것이다. 평소 긍정적인 생각이 일상에 깊이 배어 있었기에 가능했던 일로 보인다. 그분이 좋아하는 하늘색처럼 맑고 투명한 그분의 마음이 담긴 글을 책으로 만날 그날을 기다려본다.

추천의 글

스카이블루킴

제목 : 나에게 온 손님

평생 남자들은 군대 이야기를, 여자들은 아이 낳은 이야기를 자랑처럼 수십 번 우려낸다지만, 여기 요양병원에서는 자신의 병력과 투병 생활을 늘어놓는 것이 자연스러운 일이다. 새로운 환우가 오거나, 잘 알지 못하는 환우와 한 공간에 있을 적에 가장 말 트기 쉬운 질문이 '어디가 아파요?'이다. 어찌 보면 지극히 개인적인 사생활 영역이라 자칫 불쾌할 수도 있는 질문이 여기선 '네 이름이 뭐니?'보다 쉽게 통용된다. 그러다 보니 이름은 몰라도 그 환우가 유방암인지, 난소암인지, 폐암인지, 혈액암인지, 더 나아가 몇 기인지, 재발인지까지도 알게 된다.

삭발을 한 사람들은 대체로 유방암이나 난소암 항암 중인 사람들이고, 자신의 머리카락을 보존하고 있는 사람은 유방암이나 난소암 항암을 적어도 1년 전에 한 사람이거나 타종류의 암 환자들이다. 식당에서 거의 대부분을 볼 수 있지만 지근거리에서 볼 수 있는 환우들은 같은 층 사람들이다. 그리고 24시간 공동생활을 하는 룸메들이 가장 친근감을 가지고 생활하게 된다.

나는 워낙 긍정적인 사람이기도 하지만 걱정을 미리 사서할 필요가 없다는 주의다. 그래서 남들이 보면 초긍정 대왕으로 보일 수 있다. 암이 나에게 왔을 때도 그랬다. 상피 내암인 줄 알았다가 미세침습으로 1기가 되었을 때도 초기인것이 다행이었고, 퇴직한 이후에 발병해서 다행이었고, 아이가 다 커서 돌볼 필요가 없는 상태라 다행이었고, 남편이병원이라도 동행해 줄 수 있는 조건이라 다행이었고, 친정부모님이 다 돌아가신 후라 다행이었고, 보험이 있어서 다행이었고...

다행인 것투성이었다. 그래서 내가 불쌍하거나 억울하다는생각이 들지도 않았고, 당연히 눈물 한 방울도 흘리지 않았다. 오히려 나를 걱정하는 가족, 친지, 지인들에게 '별것 아니'을 설득해야'했고, 그들은 '생각보다 네가 밝아서 안심'이라며 통화를 마무리하기도 하였다. 그런데 요양병원에 들어와서 암 환자들을 보면서 방사선 치료만 끝내면 모든 게 끝날 줄 알았던 나의 단순 무식함이 얼마나 위험한지 똑똑히 알게 되었다. 수술한 쪽에 있는 팔은 평생 채혈, 혈압, 주사는 물론 무거운 물건을 드는 것이나 가방을 메는 것도 금지라는 주의사항을 퇴원할 때 들었지만, 몇 개월만 조심하라는 의미로 받아들였다.

그러나 실제로 림프 부종으로 고생하는 환우를 눈앞에서 보니 그게 아니었다. 수술 후 뜬금없이 10년 후에도 림프 부종이 오기도 하며, 한 번 오면 부종에서 벗어날 수 없다고 하니 이건 평생 조심하며 살아야 한다는 것 아닌가! 수술만 하면 괜찮은 줄 알았는데, 알고 보니 이제부터 시작인 것이다. 그것도 평생이라니! 그리고 재발 환자들은 왜 그렇게 많은지, 암에 대해서 알수록 겁이 난다.

우리 새벽 국민체조 팀 중 일부만 살펴보면,

A 갑장 : 숨이 차 집 근처 병원 내원했다가 다시 큰 병원 방문. 부산 고대에서 폐암 3기 진단받은 후 서울 세브란스 병원에서는 4기로 판정받음. 뇌로 전이까지 되어 뇌수술 3차례. 폐암은 수술 시기 놓침. 신약으로 항암을 하고 있으나 보험이 안 됨. 한 달 약값 500만 원. 집도 팔았다고 함. 수술 후유증으로 보행이 약간 부자연스러움.

B 언니 : 10년 전 유방암 수술. 이번에 폐암 수술. 실비 보험이 없다. 다행히 병원비를 감당할 경제력이 있다고 함. 남편 분이 이틀에 한 번씩 면회를 와서 바닷가 맨발 걷기를 동행해 주서어 환우들의 부러움을 사고 있음.

C 동생 : 3월 오른쪽 유방 2기. 수술 후 2개월 후 다시 암 발견 전 절제 수술 후 복원 수술까지 한 부위에 3차례 수술. 서울에 있는 병원까지 항암할 때마다 입퇴원을 반복하고 있음. 밝은 성격에 한 미모 하며 서글서글한 성격에 인사성도 밝아, 주변 사람을 행복하게 하는 해피 바이러스임.

D 언니 : 13년 전 유방암 2기 수술, 올해 초 폐암 수술. 73세

의 나이가 무색할 정도로 아직도 개인 사업을 하심. 하루 어싱 3차례를 어떻게 하냐는 나의 말에 '살라고 용을 쓰는 것'이라고 농담 속에 진심을 드러내기도 함.

E 동생 : 유방암 2.5기로 선 항암 중. 항암할 때마다 입퇴원을 반복하지만 타 항암 환우와 달리 씩씩함. 항암 후 수술 예정. 수술 경과에 따라 그 이후 치료 방법이 결정된다고 함. 갈 길이 멀지만 기본 체력이 좋아서인지 현재까지 별로 힘들지 않다고 하는 가장 특이한 케이스임. 국민체조 리더. 항암하러 갈 땐 내가 땜방을 하고 있음.

즐겁게 살자 싶다가도, 이런저런 사례를 접하고 나면 약간 움츠러들기도 한다. 특히 유방암이 타 암에 비해 전이나 재발이 잘 된다고 한다. 요양병원 입원할 당시 상담 부장은 중증 암 환자들은 워낙 조심을 하는데, 0기나 1기 환자들이 방심하는 경향이 있어 재발이 잘 된다고 하는 말이 그냥 겁주는 말이 아닌 듯하다. E 동생이 암이라는 사실을 친정엄마에게 알렸을 때, 그분은 E 동생의 손을 마주 잡고 부들부들 떨면서도 애써 담담하게 "암은 너에게 온 손님이다. 잘 대접

해서 보내면 된다."라고 하셨다고 한다.

80대 중반의 노모가 막내딸이 암에 걸렸다는 사실에 얼마나 충격을 받으셨을지 충분히 짐작이 간다. 하지만 그동안 살아오신 내공이 이럴 때 발휘된 듯, 딸을 안심시키면서 암을 대하는 자세를 알려주신 삶의 지혜가 그저 놀랍다. 우리 엄마가 계셨으면 우리 엄마는 나에게 어떤 말씀을 해 주셨을까? 걱정 많고 예민하고 섬세하셨던 분이라, 나보다 먼저 병이 나지 않았을까 싶다. 그래서 엄마가 돌아가신 후 나에게 온 손님이 고맙다. 나도 이 손님을 최대한 환대를 해서 잘 보내야겠다.

7

그 미소는 세월의 흔적이었다

It is only with the heart that one can see rightly.
what is essential is invisible to the eye.
마음으로 보아야만 올바르게 볼 수 있다. 중요한 것은 눈에 보이지 않는다.

― 앙투안 드 생텍쥐페리

제 닉네임이 '미소'인 것처럼, 개개인의 아름다움을 밝혀주는 사람이
되고 싶은 마음입니다. 지금 저의 소원은 글을 쓰는 것입니다. 한 가
지 명확하게 말했으니 신은 들어주실 거라고 믿습니다. 운 총량의
법칙에 따라 이제 남은 운을 잡기 위해 준비하고 있으니까요.

<미소>

인자한 미소가 매력적인 그분의 닉네임은 '미소'였다. 말 그
대로 우리가 생각하는 그 웃음, 미소였다. 미소님은 타로 강사로

활동하고 계셨다. 다섯손가락 신청자 명단에 미소님이 있었고 그 분의 블로그를 보게 되었다. 어떤 글을 쓰고 있는지 알아야 내가 코칭할 수 있을지 판단할 수 있었기 때문이다. 글을 보면서 타로 강사라는 사실도 알게 되었다. 미소님의 블로그를 보며 고민이 생겼다. 내가 느낀 이 고민은 블로그를 처음 방문한 사람들이 느낄 마음과 비슷할지도 모른다. 미소님이 블로그를 타로 강사로서만 운영하려 한다면, 내 방향과는 다르기 때문이었다. 그래서 조심스럽게 물었다.

"미소님, 저와 함께 하시면 타로 강사로서의 비중이 줄어들수도 있는데 괜찮으실까요?" 미소님은 잠시 생각하시더니 답했다. "어떻게 운영해야 할지 잘 모르겠어요. 제 일상과 생각도 함께 글로 쓰고 싶어요." 나는 이렇게 제안했다. "우선 블로그에서 타로의 느낌을 조금 지우고, 예순의 미소님이 생각하고 느끼는 것들을 표현해 보시면 어떨까요?" 물론 이건 미소님의 선택이었다. 내 방식이 무조건 옳다고 할 수는 없으니까. 내가 글을 쓰는 방식은 자신을 보여주는 것이었다. 타로가 잘못된 것도 아니고, 홍보가 안 되는 것도 아니지만, 이웃들과 소통하고 친해지는 과정에서는 개인적인 울타리가 없을 때 더 편하게 다가갈 수 있다고 생각했다. 사실, 요즘 블로그는 상업적인 홍보로 가득 차 있었다. 부동산, 인테리어, 청소 등 각종 사업을 홍보하는 블로그들이 많았다. 그 방식이 잘못된 것은 아니지만, 나는 조금 다른 방향을 제시하고 있었다. 서로의 글을 통해 생각과 마음을 나누는 것이 내가 제시하는 블로그였다. 그래서 미소님께도 그런 이야기를 드렸다.

"타로 강사가 아닌, 그냥 '미소'라는 사람으로 먼저 다가가 보시면 좋겠어요." 나보다 인생 경험이 많은 예순의 미소님에게 이런 말을 건네는 것이 조심스럽게 느껴졌다. 미소님도 분명 그랬을 것이다. 그러나 미소님은 내 제안을 흔쾌히 받아들여 주셨다. 그때 미소님이 하신 말씀이 아직도 기억에 남는다. "이상하게 파파님과 이야기하면 저항감이 생기지 않아요." 그 말이 참 좋았다. 나는 강요하지 않았다. 강요한다고 될 일도 아니었으니까. 내가 말하는 것이 정답이라고 생각하지도 않았다. 나는 단지 내 경험을 바탕으로 방식을 제시했을 뿐이다. 그것을 받아들이는 것은 온전히 상대방의 선택이었다. 미소님도 타로 강사로서 이미 명성이 높으신 분이었다. 기관 강의를 나가고 상담도 하고 계셨다. 그런데 우리는 미소님의 타로 사업에 대해 거의 이야기하

2장

지 않았다. 그저 스쳐가는 댓글과 글을 통해 짐작할 뿐이었다.

미소님의 모습이 머릿속에 떠오른다. 검은 머리 사이로 흰머리가 섞인 모습이 참 잘 어울렸다. 항상 입에는 미소가 가득했다. 닉네임처럼 환한 미소가 너무 잘 어울렸다. 미소님을 직접본 적은 없지만, 상담을 받으러 온 사람들이 미소님의 얼굴을 보고 마음의 평안을 찾았을 것이라고 생각했다.

블로그와 전자책 강의를 많이 해왔던 나였지만, 새로운 도전을 위해 다른 강의를 들은 적이 있다. 그 강의에서 다른 강사로부터 피드백을 받았는데, 마음이 편치 않았다. 불편한 마음은 오래 지속되지는 않았지만, 중간중간 얼굴에 드러나는 것을 느꼈다. 속으로는 '그만할까?'라는 저항도 일어났다. 나도 모르게 불편한 마음이 티가 났던 것이다. 그런 점에서 미소님이 더욱 대단해 보였다. 예순이 마흔에게 피드백을 들으며 불편함을 느끼셨을 수도 있었을 텐데, 끝까지 받아들이셨기 때문이다.

그때는 깨닫지 못했지만, 그분의 태도는 삶의 깊은 깨달음에서 비롯된 것 같았다. 예순이 되면 모두 알게 되는 세월의 지혜라는 것이 정말 있을까? 문득 알고 싶어졌다. 예순이 기대되는 이유들이 하나씩 채워지고 있었다. 이제는 미소님의 글에서도 타로가 자연스럽게 녹아들어, 사람들과 소통하는 방식이 더욱 조화롭게 느껴진다. 예순의 글 친구끼리 나누는 대화가 참 보기 좋았다.

추천의 글

미소

제목 : 본캐와 부캐

본캐는 타로 강사, 부캐는 블로그 글쓰기.

2장

블로그를 하며 독서를 하고, 글을 쓰며 이웃님들과 소통합니다. 블로그를 시작한 건 본업인 타로 카드에 대한 상업적인 목적으로, 설명 위주의 글을 올렸습니다. 결과는 참담했습니다. 블태기도 많았고, 쓰다 말다를 반복했어요. 국문과 나온 동생에게 자문을 구했습니다. 글이 너무 딱딱하고 어색하다네요. 그때부터 무료 강좌나 글쓰기는 무조건 접수했습니다. 그리고 글쓰기 모임으로 독서를 시작했지요. 욕심이 생기고 조급함도 생겼습니다. 시간의 총량에 대해 인지하지 못했습니다. 다시 멈춥니다. '나'를 보려고 합니다. 인생에서 자신이 가장 소중하다는 걸 반백 년 넘게 살아보고 알았습니다.

과거의 삶이 나에게 무엇을 일깨워주는지도 이제야 알았습니다. 받아들임이 필요했고, 그때부터 새로운 인생을 살 수 있게 되었지요. 어느 순간부터 삶의 방향이 바뀌었어요. 그래서인지 주변 사람들이 걸러지더라고요.(체감적으로 느낀 건 작년 뇌하수체 선종 수술 후, 내 편인 사람만 남았습니다.) 본캐는 경제적인 문제로 시작했는데, 지금은 지식과 경험을 쉽고 재미있게 전달하자는 마음으로 바뀌었습니다. 돈은 쫓아가는 게 아니라는 것도 알았습니다. 부캐인 글쓰기는 내적 성장을 추구하는 데 진심을 다하고 있습니다.

왜 이런 글을 올리냐고요? 블로그에 방문하시면 화면에 '미소의 타로&명리 이야기'를 보시고 멈칫하실 분도 계실 것 같아서요. 알고 오시는 분도 있지만, 모르고 오셨다가 당황하실까 봐요^^ 조만간 수정을 하려고 하는데, 어떤 이름으로 홈 화면을 장식할지 고민하고 있습니다.

글을 쓰고 소통을 하고 싶어서 블로그의 방향을 바꾸고 있거든요. 물론 본캐 이야기도 할 겁니다.(상업적인 목적 말고 쉽고 재미있게요^^) 부캐 이야기가 더 많을 수도 있습니다. 제 닉네임이 '미소'인 것처럼, 개개인의 아름다움을 밝혀주는 사람이 되고 싶은 마음입니다. 지금 저의 소원은 글을 쓰는 것입니다. 한 가지 명확하게 말했으니 신은 들어주실 거라고 믿습니다. 운 총량의 법칙에 따라 이제 남은 운을 잡기 위해 준비하고 있으니까요.

8

여행은 내 인생의 채움

Success is not the key to happiness. Happiness is the key to
success. If you love what you are doing, you will be successful.
성공이 행복의 열쇠가 아니다. 행복이 성공의 열쇠다.
당신이 하는 일을 사랑한다면, 당신은 성공할 것이다.
— 알베르트 슈바이처

간절한 마음으로 모든 분들이 어둠을 가슴속에 쌓아두지 말고 자연의
신비와 아름다움에 기대어 위로받고 행복했으면 하는 바람입니다.

<써니얌>

평균 연령 62.2세의 모임에서 막내를 소개한다. 그분의 닉네
임은 '써니얌'이다. 비록 막내라고 불리지만, 나이는 예순이다.
그분의 글과 표정에서 어두운 흔적을 본 기억이 없다. 언제나 환

한 미소와 따뜻한 말투로 긍정의 에너지를 전해준다. 그분은 27년 동안 캠핑을 다녔다고 했다. 그 캠핑은 단순한 취미를 넘어 일상의 일부였을 것이다. 블로그에는 요리, 캠핑, 그리고 일상 이야기가 가득하다. 6개월 넘게 함께 소통한 단톡방에서도 그분의 존재는 항상 빛났다.

어느 날 단톡방에서 다른 분들과 공통적인 대화를 나누고 있었는데, 그 분의 답이 없었다. 걱정이 되었지만, 다른 사람들도 불안해 할까봐 모른 척했다. 며칠 후, 늦게 답이 왔다. 캠핑을 다녀오셨다고 했다. 이제는 그분이 며칠 동안 대화방에서 보이지 않으면 자연스럽게 '아, 여행을 가셨구나. 몸과 마음의 쉼이 필요하셨구나.'라고 생각하게 된다.

요리를 좋아하는 사람들의 이야기를 들은 적이 있다. 그들은 자신을 위해서가 아니라 누군가에게 기쁨을 주기 위해 요리한다고 했다. 음식을 맛있게 먹는 모습을 보며 더 나은 요리를 고민하는 것이다. 어떤 음식을 만들어줄까 고민하는 그들의 모습에서 요리와 글쓰기가 닮았다는 생각이 들었다. 글을 쓰는 사람도 독자에게 도움이 되길 바라며 글을 쓴다. 나눔을 실천하는 사람만이 할 수 있는 일이다. 그래서 나는 요리를 사랑하는 사람은 글도 잘 쓸 것이라 생각하게 되었다. 실제로 내가 만난 예순의 이웃들 중에는 음식을 주제로 글을 쓰는 이들도 있었다. 그들의 글은 깊게 우려낸 장국처럼 진한 맛을 냈다. 내 생각이 단순한 선입견은 아니었으리라 믿게 되었다.

써니얌님과의 첫 만남이 기억난다. 강의 도중 실습을 진행하던 날이었다. 나는 멤버들의 표정을 살피고 있었다. 그때, 그분의 표정이 어딘가 집중하지 못하는 듯 보였다. 그래서 물어보았다. "써니얌님, 혹시 이해가 안 되는 부분이 있으신가요?" 그분은 미소를 지으며 답했다. "저는 휴대폰으로만 글을 써요." 그 순간, 나는 미안한 마음이 들었다. 왜 모두가 컴퓨터로 글을 쓴다고 생각했을까? 예순의 나이에 휴대폰이 더 익숙할 수 있다는 사실을 내가 고려하지 못한 것이다. 그 후로 휴대폰 실습방식을 강의에 추가하게 되었다. 컴퓨터 실습을 진행한 후, 휴대폰으로도 글을 쓸 수 있는 방법을 설명했다. 그 뒤, 그분의 표정은 밝아졌고, 목소리에도 힘이 실렸다. 그저 불편함을 말하지 않았던 것이다 예순도 배우고 싶어 한다. 그러나 물어보는 것이 조심스러운지 '이런 걸 물어봐도 될까?' 하는 내적 고민을 자주 한다. 한번 용기를 내는 게 어렵다는 말을 해주고 싶다. 생각보다 많은 도움의 손길이 아주 가까이에 있기 때문이다. 흔히 자식들에게 물어보는 것이 더 어렵다고 한다. 그래서 나는 블로그를 권장하기도 한다. 글에 대한 물음뿐 아니라, 다양한 나눔을 함께할 이웃들이 있다. 모르는 것이 있으면 손들고 달려와 줄 든든한 이웃들이다. 경험을 쌓으면서 휴대폰으로 글을 쓰는 사람들이 보이기 시작했다. 사실 전에도 있었겠지만, 이제야 내가 그 사실을 알게 된 것이다. 써니얌님 덕분에 나의 시야가 넓어졌다. 하나씩 맞춰 가는 과정에서 나 역시 성장했다. 경험은 내 것이 되어야 의미가 있고, 지속적으로 이어질 때 더 큰 가치를 발휘한다.

예순의 주저함을 표현하기 전에, 내가 먼저 다가간다. 그분들의 걱정과 고민거리를 알고 있다. 하나씩, 둘씩, 내가 먼저 표현하고 해결해 주기 시작하면 공감의 끄덕임을 볼 수 있다. 이런 것이 경험이라는 생각이 들었다. 이 과정이 몇 번 반복되면, 예순도 하나씩 자신의 어려움을 표현하기 시작한다. 아주 당연한 고민이었고, 나는 그때마다 '낯선 것이지 어려운 게 아니다.'라는

2장

말을 자주 했다.

　써니얌님과 내가 나눈 것은 단순한 기술 이상의 것이었다. 나는 그분께 글쓰기 기술을 나누었고, 그분은 나에게 새로운 시각을 열어주셨다. 27년 동안 캠핑을 다닌 그분에게 캠핑은 단순한 취미가 아니었을 것이다. 그것은 마음의 평온을 찾는 성지이자, 정신적 해방감을 주는 창구였을 것이다. 몇 번의 대화를 나눈 후 나는 확신하게 되었다. 사람은 늘 밝을 수만은 없다. 마음이 지칠 때, 그분은 캠핑에서 충전을 했을 것이다. 자연 속에서 긍정을 회복하고, 다시 일상으로 돌아오는 과정이 그분 삶의 중요한 부분이었을 것이다. 27년 동안 이어진 캠핑이니, 앞으로 27년을 더 이어가도 충분할 것이다.

　그분에게 캠핑이 그러하듯, 나에게는 글쓰기가 그러하다. 글을 통해 나는 내 마음을 돌아보고, 평온을 찾는다. 이는 써니얌님이 캠핑을 통해 느낀 감정과 다르지 않다. 써니얌님은 내게 단순히 글쓰기 방법을 배우신 분이 아니다. 그분은 삶의 지혜를 나누어 주신 분이다. 그분의 긍정과 따뜻함은 나에게도 전해졌다. 그래서 나는 이 자리를 빌려 그분께 깊은 감사를 전하고 싶다. 밝아야겠다고 생각했다. 그게 다른 사람에게 어떤 에너지를 주는지 알게 되었다. 함께하는 매순간이 나에게는 배움의 시간이다.

써니얌

제목 : 사돈 가족들과 캠핑 먹방 즐기기

서로 약속을 하고 각자 집에서 캠핑 장소로 집합! 안사돈과 사돈아가씨가 운전을 하고 늦은 밤에 도착했다. 힘드셨겠다는 생각이 든다. 각자가 퇴근 후 오시느라 배고픔을 참으며 오셨다. 2시간 30분이 소요된다. 배고프실까 봐 김밥을 준비했는데, 상추의 물기를 제대로 제거하지 않아 급하게 말았더니 썰면서 다 터져버렸다. 김밥 노래가 떠오른다. '잘 말아줘? 사돈들께 대접할 건데 터져버린 못난 김밥이라니! 그래도 2줄은 잘 말아졌다.

또띠아 샌드위치는 인기 만점 간식이었다. 맛있게 드시고 있는 모습이 느껴진다. 양념 닭발 10kg을 준비해 갔는데, 사돈 가족들, 사위, 딸 모두 너무 좋아한다. 계곡에서 시원하게 즐기고, 사위는 숯불에 불을 지핀다. 이마에서 땀이 송골송골 맺힌다. 가족들을 위해 수고하는 사위와 딸이 기특하다. 선풍기를 틀어준다. 폭염 속에서 불 앞은 정말 힘들다. 바깥 사돈은 갑자기 일정이 생겨 참석하지 못하셨지만, '장어 먹고 힘내라.'며 장어를 보내주셨다. 감사한 마음이 든다.

유난히 장어가 맛있다. 생강을 넣고 상추에 싸서 먹으니 숯불 향과 어우러져 감칠맛이 난다. 손이 바쁘다. 입으로 넣으랴, 고기 굽는 사위에게 한 쌈 싸 주랴! 조용한 계곡에서 물소리를 들으며 장어를 먹으니 힐링 그 자체다. 장어가 끝날 무렵, 마블링이 예쁜 소고기가 숯불에 오른다. 지글지글 고기가 익으며 숯불 향이 춤을 춘다. '맛있게 구워져라.' 소금을 살짝 찍어 입에 넣으니 육즙이 가득하다. 부드러운 식감이 입안을 가득 채운다. 숯불에 구운 소고기는 역시 최고다. 가지는 순삭! 사돈 가족이 준비해 온 가지구이를 깨끗이 비웠다. 계곡에서 발을 담그며 쉬는 동안, 각자의 발과 신발을 사진으로 찍어본다. 신발도 각양각색이다.

부침개를 먹은 후, 사람들은 하나둘씩 사라지고 써니얌과 딸만 남았다. 계곡에 의자를 눕히고 30분 정도 눈을 감았더니 시원한 바람에 나도 모르게 잠이 들었다. 도심은 폭염주의보라고 했지만, 계곡의 물바람은 솔솔 불어 참으로 시원했다. 모두 샤워를 마치고 텐트에 들어가 피곤한 몸을 쉬며 꿀잠을 잔다. 사돈이 감자를 갈아 옹심이 수제비를 끓여 주셨다. 들깨가루를 듬뿍 넣어 끓인 감칠맛 나는 육수에 쫄깃한 옹심이! 더운 날씨에도 이열치열로 맛있게 먹었다. 소고기 무국과 우거지국도 준비해 오셔서 편하게 잘 먹었다.

사돈 가족과 사위는 캠핑을 우리를 만나기 전에는 한 번도 가지 않았다고 했다. 이제는 캠핑도 자주 다니시고, 모이면 역할 분담도 척척 알아서 하신다. 짧은 2박 3일이었지만, 무더운 날씨에도 함께 맛있는 음식을 나누며 감사한 시간을 보냈다. 모두 계곡에서 신나게 물놀이를 즐겼다. 그 모습을 보니 써니얌은 흐뭇하고 뿌듯하다. '잘했다'고 스스로를 토닥였다. 사돈 가족과의 여름 캠핑. 시원한 계곡에서 다양한 먹거리를 즐기며 몸보신도 하고 힐링의 시간을 보냈다. 다음에는 양쪽 아버지들도 함께 캠핑하기로 했다.

카톡에 지인들이 "사돈과 캠핑이 불편하고 어렵지 않냐."고 물었다. 나는 즐겁고 재미있게 힐링했다고, 그 어려운 일을 쉽게 해낸다고 답했다. 내가 먼저 다가가 마음을 내려놓고 서로 주고받으면 좋은 관계를 유지할 수 있다.

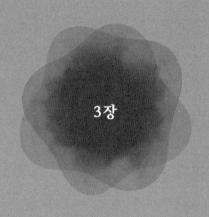

3장

예순, 내 인생에
후반전 시작

내 나이 예순,
성덕이 되다

The two most important days in your life
are the day you are born and the day you find out why.
인생에서 가장 중요한 두 날은
당신이 태어난 날과 당신이 그 이유를 깨닫는 날이다.

— 마크 트웨인

한 치 앞도 모르는 인간사, 앞으로 10년 후를 보지 않기로 했다. 지금
맞이하는 이 순간을 더 많이 생각해야겠다. 사랑한다는 말, 보고 싶
었다는 말, 그대와 함께라서 좋다는 말들을 망설이지 않기로 했다.

<마리혜>

가수 '이솔로몬'을 좋아하는 이웃이 있었다. 내가 이솔로몬을
처음 알게 된 건 한 경연 프로그램에서였다. 그의 감성적인 목소

리가 좋았다. 그 후로 가끔 그의 노래를 들었지만, 사실 그 정도가 그를 아는 전부였다. 그러던 어느 날, '마리혜'라는 블로그 이웃을 알게 되었다. 그분의 블로그는 이솔로몬에 대한 애정으로 가득했다. 그의 책, 공연, 노래, 심지어 그의 생각까지 블로그 구석구석에 담겨 있었다. 배경사진과 프로필 사진 모두 이솔로몬이었다. 그 블로그를 보니, 나도 연예인을 좋아하던 시절이 떠올랐다. 그 시절의 설렘이 살짝 가슴 속에서 피어올랐다.

나는 자연스럽게 마리혜님이 20~30대의 젊은 팬일 거라 생각했다. 이솔로몬의 출중한 외모와 그분의 글에 스며있는 깊은 애정이 그 증거라고 여겼다. 그런데 뜻밖의 일이 벌어졌다. 마리혜님이 내 강의를 신청한 것이다. 나는 조금 당황했다. 내 강의는 주로 60대 이상이 우선순위였기 때문이다. 그래서 물어보았다. "우선순위는 60대 이상입니다." 그러자 그분은 "제가 60대입니다."라고 답했다. 나는 놀라지 않을 수 없었다.

'조용필', '나훈아' 그리고 최근의 '임영웅'처럼 60대 이상에게 인기가 많은 가수들은 알고 있었다. 하지만 이솔로몬은 뭔가 그들과는 다르게 느껴졌다. 그분 덕분에 나는 이솔로몬을 다시 보게 되었다. 그는 단순히 노래만 잘하는 가수가 아니었다. 깊이 있는 글을 쓰고, 감성적인 메시지를 전하는 아티스트였다. 이미 두 권의 책을 출간한 작가이기도 했다. 마리혜님이 그의 음악을 통해 글을 좋아하게 된 것인지, 아니면 글을 통해 음악을 더 사랑하게 된 것인지는 알 수 없었다. 하지만 그것은 중요하지 않았다. 중요한 건 한 사람의 팬으로서 그 사람을 좋아하고 계속 알아가고 싶은 마음이 보였다.

나는 그분에게 블로그가 더 많은 사람들에게 읽히려면 일상의 이야기도 다루는 것이 좋다고 조심스럽게 제안했다. 마침 그분도 어떻게 자신을 드러낼지, 계속 그런 글을 쓸 수 있을지 고민하고 있었다. 나는 확신을 주고 싶었다. "그 마음을 가지고 계시다면, 저와 함께 글쓰기를 하시면서 자신을 발견하는 글을 쓸 수 있습니다." 새로운 글쓰기가 예순의 나이에 시작되었다.

자신의 블로그에 정체성을 갖는 것은 많은 시간과 꾸준한 노력이 필요하다. 관계를 맺고 진심으로 다가가는 것이 중요하다. 그분은 누구보다 그 점에서 뛰어났다. 이솔로몬에 대한 팬심만 보아도 알 수 있었다. 그런 꾸준함이 글에서도, 그분의 노력에서도 드러났다. 새로운 도전을 마치 초등학교 1학년처럼 열정적으로 받아들이는 그녀의 모습은 감동적이었다. 아니, 군대 제대 후 복학한 대학생처럼 모든 열정을 쏟아 붓는 모습이었다. 그분은 강의 시간에도 발언권을 얻으면 언제나 열정적으로 대화를 이어갔다. 결코 과하지 않았다. 오히려 그분의 진심과 열정이 강의를 더 빛나게 만들었다. 그 열정은 강의가 끝난 후에도 계속되었다. 우리는 한 달간의 강의를 마치고도 모임을 이어갔다. 서로의 성장을 응원하며 계속 함께하게 되었다.

지금도 마리혜님은 여전히 열정적이다. 칭찬에 인색하지 않았다. 특히 글에서나 다른 대화에서도 나를 높여주었다. 하지만 돌이켜보면, 나는 특별히 잘해준 기억이 없다. 그저 평소처럼 했을 뿐이다. 그런데 왜 그분은 나를 특히 고맙다고 여길까? 나는 그 답을 '단절'에서 찾아보기로 했다. 그분은 배움의 기회를 오랫동안 놓쳤던 것이 아닐까? 알고 싶고 배우고 싶었으나 가르쳐 줄 사람이 없었던 것은 아닐까? 그래서 배울 수 있는 기회를 만났을 때 그 누구보다 몰입했던 것은 아닐까?

나는 그것이 마리혜님뿐만 아니라 많은 예순이 공감할 수 있는 이야기일지도 모른다고 생각했다. 세상과의 연결이 어려운 60대들이 접점을 찾지 못하고 있었다. 그분은 블로그라는 매개체를 통해 연결되었지만, 블로그조차 하지 않는 이들은 그런 기회조차 쉽지 않다고 생각했다. 그래서 나는 더욱 그 분들을 돕고 싶은 마음이 들었다. 진심으로 예순을 돕고 싶었다. 그분들이 글을 쓰며 느끼는 행복을 가까이에서 지켜보았기 때문이다. 글을 쓴다는 것은 작가의 삶을 살아왔거나, 잘 써야만 할 수 있는 일이 아니다. 예순의 삶이면 충분하다. 그 삶을 기록하면 글이 된다. 글을 쓰기 시작했다면, 세상과의 연결은 어렵지 않다. 다만, 예순도 그 기회에 유연해질 필요가 있다. 나눔을 거부하지 않고, 자신을 드러낼 준비가 되어 있어야 한다. 지금도 많은 예순이 기회를 놓치고 있을지 모른다. 나는 그들에게 말해주고 싶다. 일기든 메모든, 생각을 글로 써보면 좋겠다고 말이다. 그 시작이 다음 단계로 이어질 것이다. 그때부터 세상과 연결될 수 있다. 같은 글을 쓰는 사람들과도 연결될 것이다. 무엇이든 하고 있는 사람에게 행운이라는 이름으로 기회는 찾아온다.

블로그 기초 과정을 마친 후, 마리혜님은 다음 단계로 전자책 프로젝트에 도전했다. 나는 그분에게 이번 책을 단 한 사람만을 위한 특별한 책으로 만들어보자고 제안했다. 이솔로몬의 매력을 담아내는 책이라면 의미 있는 작품이 될 것 같았다. 책을 집필하는 동안 그분의 열정은 더욱 빛났다. 블로그에 글을 쓰면서 그녀는 어느새 글 솜씨가 자연스럽게 늘었고, 특히 자신이 잘할 수 있는 주제에 집중하게 되었다. 대한민국에서 60대가 바라보는 이솔로몬의 이야기는 마리혜님만이 전할 수 있는 독특한 시선이 아닐까 하는 생각이 들었다.

시간이 지날수록 그녀의 글은 점점 더 깊이를 더해갔다. 원고를 읽으며 '전자책도 좋지만, 종이책으로도 가치가 충분하지 않을까?'라는 생각이 머릿속을 떠나지 않았다. 이솔로몬의 팬들에게는 소중한 선물이 될 수 있고, 아티스트인 이솔로몬에게도 의미 있는 기록이 될 것이라고 믿었다. 무엇보다 예순이 넘은 사람들에게 새로운 방향과 용기를 전할 수 있는 책이 될 것 같았다. 원고 속 글은 살아 움직였고, 그 안에는 그녀의 진심이 고스란히 담겨 있었다.

마리혜

제목 : 닭살 돋는 세 번째 프로포즈

무슨 말을 할까 생각하다가 달력을 쳐다보니 지난 2월의 일
이 선명하게 떠올랐다. 그때는 봄이 오고 있다고는 하나, 산
사로 향하는 길에 소복이 쌓인 눈은 겨울을 붙들어 맨 듯했
다. 그 이른 봄, 기다리는 꽃이 빨리 와주었으면 하는 마음
은 아랑곳없고, 힘겹게 짐 진 자의 불안한 하루는 겨울 끝에
선 살얼음판 같았다.

이른 아침 전화기에서 흘러나오는 낯선 목소리에 그날 이후
의 평화로운 일상은 고스란히 반납해야 했다. "대장암 2, 3
기정도 될 것 같습니다." 이게 웬 날벼락인가. 1년 6개월 전
검진했고, 술 담배는 물론이고 식사 조절이야 탁한 음식과
과한 음식은 절대 사절 원칙인 사람의 몸에서도 그럴 수 있
다는 결과였다. 실제로 내시경 사진에서도 절반을 차지하고
있는 주먹만 한 혹은 찰떡같이 믿기에 충분했다. 나쁜 생각
이라는 녀석은 꼭 그럴 때 틈을 타고 들어와 주인 행세한다.

가족은 오히려 너털웃음으로 웃을 자리 안 웃을 자리 분간 못하는 것을 보면 태연하려고 무척 애쓰는 모습이었다. 며칠 힘없이 떨어지는 눈빛이 그렇게 보였다.

의료 대란 시작 지점에서 동동거렸던 마음으로 보냈던 2주간, 3킬로의 체중을 내리게 하고서야 겨우 한시름 놓게 했다. 생긴 시점과 사라진 시점을 알 수 없었던 것처럼 생긴 원인과 사라진 원인조차 모른 채, 경험하지 못한 정보만 안고 약 2개월의 불안한 짐을 겨우 내려놓게 되었다. 결과는 원인 불명으로 나타났고, 흔적도 없이 사라졌다. 악성이 아닌 것이 다행이었다. 그게 답의 전부였다. 소파에 나란히 앉아 허공을 보듯 비 오는 거리를 우두커니 바라보다가 눈이 마주쳐 씩 웃어주었다. 가족은 밝게 웃었지만 요즘 들어 부쩍 얇아진 웃음이 힘없어 보인다. 재빨리 가시지 않는 무릎 통증이 가족의 호탕한 웃음까지 빼앗아 버렸다. 최근까지 무릎 통증 정도야 대수롭지 않게 생각했던 사람이었다. 보양식으로라도 그 호탕한 웃음을 찾아줘야겠다. 10년 후 미래의 내 모습을 그려본 적 있었다. 더 늙은 피부와 더 힘없을 육신을 인정하고 싶지 않았어도, 그로부터 10년 후의 나는 이미 와 있다. 다행이다. 누가 이렇게 잘 지내며 올 거라 장담할 수 있었을까. 가족과 함께여서 더 좋다.

Carpe diem! 한 치 앞도 모르는 인간사, 앞으로 10년 후를 보지 않기로 했다. 지금 맞이하는 이 순간을 더 많이 생각해야겠다. 사랑한다는 말, 보고 싶었다는 말, 그대를 위해 준비했어라는 말, 그대 덕분에 행복해라는 말, 그대와 함께라서 좋다는 말들을 망설이지 않기로 했다. 마주친 웃음에 작은 이벤트를 생각하며 가족의 손을 끌어당겨 그 위에 손을 포갰다. '당신, 내가 엄청 사랑하고 있는 거 알지?' 내 인생 세 번째 프러포즈였다.

예순,
지금이 제일 바빠요

Anyone who stops learning is old, whether at twenty or eighty.
Anyone who keeps learning stays young.
배움을 멈춘 사람은 스무 살이든 여든 살이든 늙은 것이다.
배움을 계속하는 사람은 언제나 젊다.
— 헨리 포드

이 모든 과정을 소화하고 해낼 수 있을지 모르겠지만, 도전은 언제나 힘들지만 나를 만들어 가는 과정에 기쁨도 있으니 한 번 해보는 거다.

<난향C>

소녀 같은 예순이 있다. 바로 '난향C'님이다. 그녀는 예순이 아니라 정말 소녀 같았다. 긴 머리가 참 잘 어울렸고, 미소를 지

예순, 내 인생에 후반전 시작

145

을 때면 스무 살의 모습이 떠오를 것 같았다. 나는 예순이 가장 바쁜 나이라고 말한 적이 있다. 그 말은 난향C님 덕분에 나오게 되었다.

'다섯손가락' 3기 과정에 합류한 그분은 늘 바빠 보였다. 배움과 봉사의 연속이었다. 우리의 수업은 밤 9시에 시작되었다. 일과를 마친 후라고 생각해 그 시간으로 정했다. 그러나 그분의 밤 9시는 여전히 진행 중이었다. 요가 수업, 한식 특강, 학교 수업, 행동력 수업, 봉사 활동, 신앙 활동까지. 일일이 나열하기도 힘들 정도로 다양한 활동을 하고 있었다. 때로는 그분은 수업에 조금 늦기도 했다. 물론 미리 양해를 구했다. 수업 중간에 입장하는 그녀의 모습을 볼 수 있었다. 나는 그 모습이 참 좋아 보였다. 서른과 마흔은 대부분 끌려가는 삶을 산다. 나 역시 그랬다. 모두의 삶이 같지는 않겠지만, 많은 이들이 그렇다. 그러나 예순은 선택의 삶을 살 수 있다는 것을 알게 되었다. 그 선택은 철저하게 '나'를 위한 것이었다. 하고 싶은 것을 하고, 하기 싫은 것은 밀어냈다. 언제나 선택의 중심에는 자신이 있었다.

난향C님의 밝은 모습이 좋았다. 요양병원에서 봉사 활동을 하던 모습도 인상적이었다. 그녀의 블로그에는 어르신들과 함께 하는 사진이 가득했다. 중고등학교 시절, 가점을 받기 위해 억지로 봉사 활동을 한 적이 있다. 억지로 했던 봉사와는 다르게, 그분은 언제나 웃고 있었다. 그분의 밝은 미소를 보고 어르신들도 분명 기뻐했을 것이다. '열정, 세 번째 스무 살을 살다'라는 타이틀을 달고 글을 쓰는 난향C님을 보며 나는 생각에 잠겼다. 무엇이 그녀를 이렇게 열정적으로 살게 했을까? 나만의 해석을 해보았다. 치열했던 서른과 마흔이 있었을 것이다. 그 시절, 힘겹게 살아왔겠지. 자신이 아닌 남을 위해. 자식을 위해, 직장을 위해 살았을 것이다. 그래서 예순이 되면 지금의 시간이 매우 소중하다. 이제는 오로지 자신을 위한 시간만 생각하면 되기 때문이다.

나는 이런 이야기를 다른 예순에게도 해본 적이 있다. 하지만 그때 따끔한 충고를 받았다. 모든 예순이 그렇지 않다는 것도 알게 되었다. 각자의 삶의 무게는 다르다. 그리고 그 삶을 충분히 돌아볼 필요가 있다고 했다. 그 이전의 삶이 얼마나 치열했을지, 그 깊이를 헤아려 보라는 것이다. 결국 멀고 먼 길을 돌아, 자신에게 집중하는 법을 배운 것이다. 그건 남이 알려주는 게 아니다. 오로지 삶을 통과하며 직접 겪어야만 알 수 있는 보석 같은 깨달음이었다.

난향C님을 보면 언제나 기분이 좋아진다. 그분은 늘 웃고 있
다. 그 미소는 10명의 부정적인 기운을 꺾을 수 있는 강력한 긍
정이었다. 그분의 주변은 행복으로 가득 차 있다. 함께 하는 것
만으로 내가 더 큰 에너지를 받게 되었다. 예순은 여전히 꿈을
꿀 수 있는 나이다. 120세 시대, 아직 절반밖에 오지 않은 나이
이기 때문이다. 글을 쓰며 자신을 만나고, 삶의 의미를 찾는 예
순들이 더 많아져야 하는 이유도 여기 있다.

추천의 글

난향C

제목 : 또다시 시작한 이 모든 일들을 잘 감당할 수 있기를

새벽 기도 3일째, 기도해야 할 많은 문제들이 있다. 그래서
나는 지난 9월 3일 월요일부터 새벽 기도 100일을 작정하고
집 근처 교회에 새벽 예배를 나가기 시작했다. 예배는 오전
5시 30분이라 15분쯤 일찍 일어나 준비하고 딱 시간에 맞추
어 간다. 나는 매일 늦게 잠을 자곤 했다. 아침에는 늦게 일

어나는 편이었다. 늦게 자는 것도 문제였지만, 밤새 불면증
으로 잠들기 어렵고, 잠이 들어도 몇 번씩 깨서 화장실에 가
기 일쑤였다. 그래서 새벽 기도는 한 달에 한 번 월삭 예배
를 드리기도 힘들었다.

그런 내가 여러 가지 당면한 개인적인 문제들로 마음이 무
겁고 힘들어 어찌할 수 없이 결심한 100일 기도였다. 가능
한지조차 생각해 보지 않고, 그저 힘듦에 기대어 그분을 의
지하지 않고는 견디기도, 해결하기도 어려울 것 같은 마음
으로 시작한 것이다. 하루는 그래도 괜찮았다. 둘째 날에는
전날 밤 잠이 오지 않아 뜬눈으로 밤을 새우고 기도에 다녀
온 후 6시 30분부터 8시까지 잠들었다. 아이 학교 준비와 픽
업을 해야 해서 다시 일어나야 했다. 돌아와 오전 내내 잠
을 잘 수 있었지만, 오늘은 아이가 모의고사를 보는 날이라
7시 30분에 학교에 데려다주었다. 그러다 보니 9시 20분 요
가 수업은 가지 못했다.

나는 주 3회 오전 9시 20분부터 10시 40분까지 요가를 한다.
요가를 다녀오면 보통 11시가 되곤 한다. 그런데 오늘은 9

시에 국립국어원에서 하는 한글날 기념 '소리책 만들기' 추가 모집 신청이 있는 날이었다. 9시 전에 홈페이지에 접속해 신청했다. 그런데 지난번처럼 신청은 되었지만, 읽을 문단이 보이지 않았다. 담당자에게 문의하니, 지난번 신청 자료가 삭제되지 않아서라고 했다. 5분 후에 다시 로그인해서 시도해 보라고 했다. 5분 후 다시 확인하니 읽을 문장이 주어져 있었다. 그런데 글이 생각보다 어려웠다. 이번 행사는 '2024년 국민과 함께하는 소리책 만들기'로, 우리말을 사랑하는 365명의 목소리로 한 권의 소리책을 만드는 행사다. 행사 소개를 보니 '올해 함께 읽을 책은 이효석님의 수필 가운데 마흔여섯 편의 글을 추려 엮은 책으로, 원문 표현의 어감을 최대한 살리기 위해 독특한 표현이나 당시 사투리 표현을 고치지 않고 그대로 담았다'라고 한다.

그래서 더 어렵게 느껴진 것 같다. 몇 번씩 읽어 보고 나서야 제대로 이해되어 녹음을 했고, 파일을 제출할 수 있었다. 주변 소음이 들어가면 안 되고, 숨소리도 들어가면 안 된다. 다행히 집에 아무도 없어서 몇 번 만에 성공했다. 하지만 녹음 도중 멀리서 들리는 매미 소리 같은 작은 소음도 들어가

3장

당황스러웠다. 이 행사는 국립국어원이 한글날을 맞아 실시하는 것으로, 365명의 목소리로 만들어진 소리책이 10월 9일에 공개될 예정이다. 기대된다. 녹음에 특별한 문제가 없는 한 나도 함께할 수 있을 것이다. 지난번에는 하루가 지나 신청했더니 이미 마감이었는데, 이번에는 추가 신청으로 참여 기회를 얻을 수 있었다. 이제 잠시 후에는 예약해 둔 병원 두 곳에 가야 한다. 저녁에는 수요 예배도 있고, 굳이 프로젝트 줌 미팅도 있다. 내일부터는 학교 수업도 있다. 지난주에 개강했지만, 심한 감기 몸살로 목요일과 금요일 수업을 모두 출석하지 못했다.

지난주부터는 '다섯손가락' 멤버들과 함께한 '다전작 1기' 수업으로 전자책 출간 수업을 시작했다. 주 1회 줌 미팅으로 진행된다. 6주간의 과정으로 전자책 출시를 목표로 하고 있지만, '난 아무것도 없는데 괜히 한다고 한 건 아닐까?', '시간도 없는데 여러 가지 일을 벌여 놓기만 하고 어쩌지?' 같은 걱정이 많이 된다. 월요일 아침부터는 '타이탄 북클럽'에서 진행하는 '잠언 필사'를 신청해 두었다. 하루 7분 동안 잠언 5구절 이상을 필사한 후 자신이 깨달은 한 줄을 빨간펜으로 작성해 인증하는 방식이다. 9월 9일 월요일부터 30일 간 함께할 예정이다. 이 모든 과정을 소화할 수 있을지는 모르겠지만, 도전은 늘 힘들지만 나를 만들어 가는 과정에서 기쁨도 함께하기에 한 번 해보려고 한다.

글쓰기,
지금 시작해도 될까요?

There is no greater agony than bearing
an untold story inside you.
내 안에 담아둔 이야기를 말하지 않는 것만큼 큰 고통은 없다.

— 마야 안젤루

갑자기 글을 써보라는 큰딸에게 "내가 어떻게 글을 써?"라고 했더니,
그냥 일기 쓰듯 쓰라는 거다. 만들어 놓은 블로그에 들어가 보았다.
신기하게도 첫 손주 어린이집 보낸 내용이 두서없이 적혀 있었고,
그걸 읽어보고 나 혼자 웃었다.

<빨강솜사탕>

다음 기수를 모집 중이었다. 처음 본 이웃의 댓글이 나를 멈
추게 했다. 그 글은 마음 깊게 남았고, 잔잔한 울림을 주었다.

"문득 이 사실을 부모님께 전하고 싶다는 생각이 들었습니다. 퇴직후 어린이집 운전도 그만두신 아빠는 올 초에 급성 심근경색으로 쓰러지셨고, 지금은 회복 중이지만 무척 우울해하십니다. 그리고 여동생의 아이를 돌보며 무기력한 여동생을 지켜보고 계신 친정 엄마도함께 계십니다. 제가 해드릴 수 있는 건 명절 때 드리는 용돈이전부입니다. 만약 엄마가 해보시겠다면, 줌 사용법도 전에 알려드렸으니 충분히 가능하실 거라고 생각합니다. 부모님께 삶의 즐거움을조금이라도 드리고 싶습니다. 글쓰기가 주는 즐거움을 최근에야 알았습니다. 불면증이 나아지면서 그 기쁨을 깨달았습니다. 처음이라블로그 이웃은 없고, 엄마는 60대 후반, 아빠는 70대입니다. 부디이 일이 부모님께 숨구멍이 되었으면 합니다."

이 글을 보고, 나도 모르게 시선이 멈췄다. 깊은 생각에 잠겼다. 이분들에게 내가 도움이 될 수 있다면, 그건 정말 의미 있는일이 아닐까? 처음 이 프로젝트를 시작할 때 품었던 그 취지에가장 맞는 분들이 아닐까? 라는 생각이 들었다. 하지만 내 의지로만 되는 일은 아니었다. 글을 남긴 자녀분이 할 수 있는 일도아니었다. 글을 꾸준히 써 온 사람도 매일 글을 쓰는 게 쉽지 않다. 하물며 글을 본격적으로 써본 적 없는 예순이라면, 용기와 결심이 훨씬 많이 필요했을 것이다. 그래서 나는 댓글을 남긴 자녀분에게 꼭 함께해 보고 싶다는 마음을 전했다. 자녀분은 감사의 인사를 전하며 부모님을 설득해 보겠다고 했다. 며칠 후, "엄마가 하시겠다고 하셨어요."라는 답장이 왔다. 그때 나는 정말 감사한 마음이 들었다.

결론부터 말하자면, 그분은 지금 예순이 넘은 나이에 매일 글을 쓰고 계신다. 100일 동안 2~3일을 제외하고는 매일 쓰셨다. 처음에는 그분의 솔직하고 순수한 표현에 놀라기도 했고, 어색한 문맥과 맞춤법을 발견하기도 했다. 하지만 바로 말씀드리지 않았다. 글을 쓴다는 것에 의미를 두기로 했다. 그분의 글에는 묘한 매력이 있었다. 어색한 맞춤법과 띄어쓰기가 오히려 더 진솔하게 느껴졌다. 글이 말을 걸 듯 생생하게 다가왔다. 그래서 맞춤법은 중요해 보이지 않았다. 그분이 지금의 '빨강솜사탕님'이다. 닉네임은 나와 빨강솜사탕님이 함께 지었다. 솜사탕을 좋아하셨다고 하셨고, 나는 세상에 없는 독특한 빨간색을 제안했다 그렇게 빨강솜사탕님의 글쓰기가 본격적으로 시작되었다.

그분은 손녀를 '토끼'라고 불렀다. 수업 중 손녀가 할머니 곁으로 다가와 안기려고 했던 순간들을 화면을 통해 몇 번 볼 수 있었다. 손녀를 바라보는 그분의 눈빛은 너무나도 사랑스럽고 따뜻했다. 단순히 손녀를 돌보는 할머니가 아니라, 엄마처럼 깊은 사랑을 품고 있는 모습이었다. 그 유대감이 얼마나 깊었는지 글을 통해 자연스레 느껴졌다. 그분의 글은 솔직하고 가감이 없었다. 주저함 없이 자신의 감정과 생각을 표현하셨다. 나는 가끔 고민했다. 이렇게 솔직한 글을 계속 써도 될지, 혹시 누군가는 상처받지 않을까 걱정도 되었다. 그래서 몇 번 돌려서 말씀드린 적도 있었다. 하지만 그분은 나중에 자신의 글을 자녀와 손녀가 보길 바란다고 하셨다. 그 순간의 감정과 생각을 진심으로 남기고 싶으셨던 것이다.

예순이 넘은 사람들이 글을 쓰는 이유는 수익의 목적이 우선되지 않는다. 글을 쓰며 뭔가를 해보겠다는 거창한 목표가 있는 것도 아니다. 자신의 삶을 기록하고, 인생의 흔적을 남기기 위해서다. 글을 통해 자신을 돌아보고, 거기서 얻는 깨달음과 감정으로 계속 글을 이어간다. 내가 본 예순 이후의 글쓴이 대부분이 그랬다. 그분도 마찬가지였다. 빨강솜사탕님도 블로그를 휴대폰으로만 하셨다. PC로 하는 교육은 듣기만 하셨는데, 휴대폰으

3장

로 다시 알려드렸을 때는 환하게 웃으셨다. 단톡방에서도 조금 느리셨지만, 성실하게 따라오셨다. 나중에는 꼭 글을 확인하시고 답변을 주셨다. 2~3박자 늦는 그분의 반응은 이제 그분만의 매력으로 다가왔다. 내가 글을 남기면 늦더라도 답을 주셨다. 속도는 다르지만, 모두 지켜보며 따라오고 있었다.

지금 그분의 블로그 이웃 수는 2천 명을 넘는다. 한 편의 글에는 200개 가까운 공감의 표시와 30여 개의 댓글이 달린다. 나는 그분이 블로그에 많은 시간을 들이신다는 것을 알고 있다. 즐겁지 않았다면 불가능한 일이었을 것이다. 예순이 글쓰기에 이렇게 열정을 쏟는 이유는 무엇일까?

내가 생각하는 첫 번째 이유는, 말할 상대가 생겼기 때문이다. 자신의 생각과 감정을 글로 표현하며 그에 공감해주는 이웃들과 소통하게 된 것이 큰 위안이 되었을 것이다. 혼자 간직했던 마음을 밖으로 표현하게 되면, 그 순간 마음이 한결 가벼워지고, 즐거워진다. 두 번째 이유는 글을 통해 쌓이는 기록이다. 말로 전하는 것보다 글로 남기는 것이 때로는 더 의미가 크다. 빨강솜사탕님은 자녀와 손녀에게 삶의 기록을 남기고 계신다. 그분이 쓰는 글 한 편 한 편이 자녀들에게는 보물과도 같은 기록이 될 것이다. 세 번째 이유는 글을 쓸 때 느끼는 두근거림이다. 그분은 더 잘 쓰고 싶은 마음, 그 안에서의 고뇌와 힘듦을 싫어하지 않으셨다. 오히려 그것을 즐기셨고, 언젠가는 자신의 글이 책으로 나올 수 있다는 꿈을 꾸고 계실지도 모른다.

무엇보다 내가 기쁜 것은, 그분의 자녀와 약속을 지켰다는 것이다. 그 딸의 마음이 너무나도 따뜻했고, 엄마를 위한 그 마음이 나에게 큰 감동을 주었다. 그 마음에 용기를 낸 빨강솜사탕님도, 그리고 자녀분과의 인연도 내게는 소중하다. 가끔 그 두 분을 생각하면 눈물이 차오르는 걸 느낀다. 지금도 글을 쓰면서 그 마음이 떠오른다. 무엇이 이렇게 뜨거운 감정을 만들었을까? 바로 글이다. 글이 가진 힘이다. 아무리 시대가 변하고, 기술이 발전해도 글쓰기는 사라지지 않는다. 일흔, 여든이 되어도 빨강솜사탕님은 여전히 글을 쓰고 계실 것이다. 글을 써본 사람은 그 경험 이전으로 돌아가기가 더 어렵다는 걸 알게 되었다.

3장

빨강솜사탕

제목 : 시작과 끝나갈 시점에서

글을 쓴다는 것을 생각하지도, 상상하지도 못했던 일인데 큰딸이 하는 말, "엄마, 블로그에 첫 손주 보고 글 쓴 거 하나 있던데, 배우면서 한 번 해봐요."라고 한다. 15년 전 블로그 개설은 얼떨결에 하나 만들어 놓고 정신없이 살다 보니 까마득하게 잊고 지냈다. 갑자기 글을 써보라는 큰딸에게 "내가 어떻게 글을 써?"라고 했더니, 그냥 일기 쓰듯 쓰라는 거다. 만들어 놓은 블로그에 들어가 보았다. 신기하게도 첫 손주 어린이집 보낸 내용이 두서없이 적혀 있었고, 그걸 읽어보고 나 혼자 웃었다.

다섯손가락 신청을 해도 경쟁률이 높아 뽑히기 어려운데, 엄마가 파파님의 다섯손가락 3기생으로 뽑혔다며 큰딸이 모든 준비를 해줘 블로그를 배우며 글을 쓸 수 있도록 해줘서 너무 고마웠다. 지금까지 살면서 학창 시절 위문편지 쓴 것과 연애편지 몇 장 쓴 것, 그리고 7년 전 하루 일과를 마치고 감사일기 몇 자 적은 게 다였는데 매일매일 글을 써서 올려야 된다는 강의를 듣고 부담이 많이 됐다. 어떻게 쓰지? 무슨 내용을 쓸까? 고민에 또 고민이 됐다. 큰딸에게 물었다. "뭘 쓰냐고?" 엄마, 그냥 일기 쓰듯 쓰면 돼요. 글을 쓰다 보면 속상했던 일들이 많은 위로가 되고, 마음속 병든 게 치유가 된다고 했다.

블로그를 배우면서 이웃을 맺고 이웃님들 글을 읽고 보면서, 다들 여러 가지 방면으로 너무 글을 잘 써서 나는 뭐지? 문장력도 많이 부족하고 하소연식으로 글을 쓰고 있는데, 이런 식으로 계속 써야 되는지... 열심히 최선을 다해서 강의를 해주신 파파님께 죄송하기도 하고, 컴퓨터가 아닌 폰으로 글을 쓰고 아이패드가 있어도 삼성 갤럭시 패드와 달라 만지는 게 많이 부족해서 패드도 안 되어 따라가지 못한 것 같아 미안한 마음이 든다. 남편이 노트북 얼마 안 줘도 살수 있다고 사준다고 하는데, 큰딸이 안 쓰는 노트북이 있으니 가져다준다고 해서 기다리고 있는 중이다.

이제 마지막 한 강의가 남아 있다. 다음 주에 끝난다고 생각하니 벌써 서운한 생각이 든다. 그동안 파파님한테 배운 건 많아도 다른 동기생들은 활용을 잘하고 있는데, 난 아직 제대로 활용하지 못해 아쉽기만 하다. 꾸준히 하다 보면 언젠가는 잘할 때가 있겠지, 희망을 가져본다.

비우고만 싶어요

What lies behind us and what lies
before us are tiny matters compared to what lies within us.
우리 뒤에 놓인 것과 우리 앞에 놓인 것은,
우리 내면에 있는 것에 비하면 사소한 일들이다.

— 랄프 왈도 에머슨

썰물과 밀물은 교차로 바다에서
정화 작용을 하는 것이다.
원인은 서로 끌어당기는 힘인 '인력',
지구와 달 사이에 강하게 작용하기 때문이다.
바다에게 배우고 닮았다.
우리의 인생 역시.

<비채꿈>

처음 만난 순간을 떠올리면 여전히 미소가 지어진다. 강의를 모집하던 때였다. 신청자들의 명단을 확인하던 중에 유독 눈에 띄는 닉네임이 있었다. '비우자'라는 이름이었다. 닉네임만으로도 깊은 의미가 느껴졌고, 그 의미가 궁금해졌다. 예순이셨고 '브런치 작가를 꿈꾸고 있다'라고 했다. 그저 글을 잘 쓰고 싶다는 바람보다, '내 일기라도 읽어주는 사람이 있으면 좋겠다.'라는 말씀이 유난히 마음에 남았다.

어쩌면, 자신을 비우고 있는 그대로를 바라봐 줄 누군가를 원하셨는지도 모른다. 첫 수업에서 만난 '비우자'님은 내가 상상했던 것보다 훨씬 젊어 보였다. 예순이라는 나이가 무색할 정도로 활기가 넘쳤다. 여전히 일을 하시면서도, 꾸준히 글을 쓰고 계셨다. 놀라운 건 글을 쓴다는 것이 단순히 직업적 연관성 때문이 아니라는 점이었다. 오히려 일상과 생각을 담아낸 글들이었다. 특히 인상 깊었던 것은, '디카시'를 쓰고 계셨다는 점이었다. '디지털카메라로 찍은 사진과 시를 결합한 형식의 글'. 그 자체가 독창적이었고 글에서 풍기는 감성이 무척 아름다웠다.

비우자님만의 특별한 색깔이 묻어나는 작품들이었다. 하지만 나는 두 가지를 제안 드렸다. 첫 번째는 닉네임이었다. '비우자'라는 이름이 본인의 삶을 잘 아는 사람들에게는 깊은 뜻을 전할 수 있을지 몰라도, 모르는 사람들에게는 자칫 부정적으로 비칠 수 있다는 생각이 들었다. '무엇을 비우고 있는 걸까?'라는 의문을 불러일으킬 수 있었고, 그 의미가 쉽게 와 닿지 않을 수도 있었다. 그래서 새롭게 닉네임을 제안했다. '비채꿈'(비우고, 채우는 삶을 꿈꾸는 사람) 그 이름에는 더 깊은 의미가 담겼다. 비움의 철학을 넘어, 무엇을 비우고 무엇을 채우는지에 대한 과정이 고스란히 느껴지는 이름이라고 생각되었다. 두 번째로는 '디카시'에 대한 의견이었다. 처음 그 말을 들었을 때, 솔직히 일본 이름처럼 들렸다. '디카시'라는 단어가 낯설게 느껴질 수 있고, 접근하기 어려운 표현이라는 생각이 들었다. 그래서 제안 드렸다. '디카시'의 사전적 의미나 설명을 글에 덧붙이면, 독자들이 더 쉽게 이해하고 공감할 수 있을 것 같다고 말이다. '비우자'님은 내 제안을 흔쾌히 받아들이셨고, 그렇게 '비채꿈'이라는 새로운 이름과 더 다듬어진 글이 탄생하게 되었다.

그분은 배움에 대한 열정이 남달랐다. 예순은 배움에 참 적극적이라는 생각이 계속 들었다. 방법을 몰라서 못하는 경우는 있

3장

었지만, 알고 나면 누구보다 빠르게 습득하셨다. 그리고 그 배운 것을 반드시 실천에 옮기셨다. 그 모습이 정말 감동적이었다. 언제나 배우고 싶어 하셨고, 배운 것을 행동으로 옮기기 위해 끊임없이 노력하셨다. 그분은 우등생이었다. 강의에 따른 수행과제를 누구보다 열심히 따라주셨고, 과정의 마무리까지 그 성실함은 변함없었다. 동안의 외모와 달리, 친숙한 경상도 사투리가 담긴 목소리가 들릴 때마다 웃음이 났다. 수줍은 미소와 귀여운 말투가 무척 인상 깊었다. 진지하게 말씀하시더라도, 그 끝에는 언제나 밝은 미소를 머금고 계셨다.

그 따뜻함에 나도 모르게 미소 짓게 되었다. 과정을 마무리한 후에도 여전히 나에게 질문을 주시고, 새로운 도전도 원하셨다. 이제는 전자책 작가에 도전하고 있다. 나는 확신한다. 지금껏 비채꿈님이 보여주신 삶의 흔적과 그 노력이 있다면, 무엇이든 해내실 수 있다는 것을. 나는 앞으로도 그 도전의 길을 적극적으로 돕고 응원할 것이다. 비우고 채우며 꿈을 꾸는 그 길에, 내가 함께 할 수 있음이 참 행복하다.

비채꿈

제목 : 바다가 전하는 이야기

오늘은 바다가 무슨 말을 할까 궁금하다. 자연의 허락으로 맨발 걷기를 위해 바다를 찾는다. 모래에 입맞춤한 발은 즐거움의 아우성이다. 고동은 지압의 역할을 한다. 게가 퍼 올린 알사탕은 촉감이 보들보들하다. '미안해.' 하면서 걷는다.

더우면 다리 밑 그늘에서 걷기를 한다. 그곳은 부드러운 모랫길이 아니라서 발바닥은 촉각을 세우고 조심조심 걷는다. 휴대폰에서 헤르만 헤세의 '수레바퀴 아래서'가 말을 걸어온다. 자연에게 말하고 싶으면 정지 버튼을 누른다. 모래에 입맞춤한 발은 즐거움의 아우성이다. 고동은 지압의 역할을 한다. 게가 퍼 올린 알사탕은 촉감이 보들보들하다. '미안해.' 하면서 걷는다.

매일 만나는 게와 고동이다. 똑같아 보이지만 자세히 보면 어제와 다른 그림을 그리고 집을 짓는다. 탑을 쌓기도 하고

3장

굴을 파기도 한다. 밤사이 파도는 모래에 주름치마를 만들었다. 파도 따라 다른 모양의 주름을 만든다. 밀물이 되면 바다가 다 삼켜버린다. 물이 빠지면 다시 부지런히 일한다. 물과 밀물은 교차로 바다는 정화 작용을 하는 것이다. 원인은 서로 끌어당기는 힘인 '인력', 지구와 달 사이에 강하게 작용하기 때문이다. 바다에게 배우고 닮았다. 우리의 인생 역시...

5

나는 암 환자였습니다

Hardships often prepare ordinary people
for an extraordinary destiny.
고난은 평범한 사람들을 비범한 운명을 위해 준비시키는 경우가 많다.

— C.S. 루이스

꿈을 찾아 한발 한발 내딛는 행복한 내 인생에 박수를 보낸다. 해피
손 60평생 수고했다. 두 번의 암을 극복하고 행복하게 살아줘서 고
맙다. 정말 사랑한다.

<해피손>

블로그 글을 쓰다 보면 다양한 이웃과 마주하게 된다. 어떤 이
웃은 자신의 생각과 마음을 드러내며 적극적으로 소통하고, 또

어떤 이웃은 조용히 응원의 마음으로 뒤에서 지켜본다. 지금 소개할 분은 후자에 해당한다. 닉네임은 '백억 행복한 손', 몇 차례 댓글로 소통하며 자연스레 그분의 존재가 궁금해졌다. '백억만큼 손이 소중하다는 뜻일까?' 닉네임의 의미가 나의 호기심을 자극했다.

시간이 지나 알게 된 것은 그분이 오랫동안 나를 지켜보며 응원해 왔다는 사실이었다. 그러던 어느 날, 우연히 그분의 글을 읽게 되었다. 글의 제목은 '암 환우에게 전하는 말', 암을 극복하며 쌓아온 경험을 담아 다른 사람들에게 작은 도움이라도 되고 싶다는 진심이 느껴지는 글이었다. 그 글을 읽고 나는 자연스럽게 댓글을 남겼다. 그날 이후, 우리는 더 자주 교류하며 가까워졌다.

더블와이파파

백억행복한손님 안녕하세요
한 글자도 소홀함 없이 집중하게 되었습니다
경험을 나누는 건 모두 의미가 있겠지만,
아픔을 나누고 극복에 대한 의지를 심어주는것은
아무나 할 수 없는 일 같아요
의사처방보다 이 글 한편이 더 마음 안정이 될 것 같습니다
책으로 내면 좋겠다는 생각을 했습니다
건강한 몸의 감사함을 알아갑니다 🖤

ㄴ 백억행복한손 블로그주인

더블와이파파님의 행보를 보면서
저도 함께 하고픈 마음이 강합니다.

그간 몸소 체험한 경험을 나눔하고 싶어요.

파파님의 지도아래
성장하는 이웃님들 보면 부럽습니다.

저도 다음 기수에 참가하고 싶고
전자책에도 관심이 많은데
아직 시도는 못하고 있습니다.

그 무렵 나는 블로그 이웃들을 대상으로 작은 이벤트를 진행하고 있었다. 이웃들의 꿈을 한 장의 이미지로 시각화해 주는 이벤트였다. 수많은 자기계발 서적에서는 꿈이 명확해야 하고 시각화할 수 있어야 한다고 강조한다. 시각화 작업은 몇 번의 시행착오를 거쳤다. 하지만 나는 그 과정을 단순히 이벤트로 여기지 않았다. 그것은 이웃들에게 감사의 마음을 전하는 또 다른 방식이었다. 나는 이웃들에게 꿈을 구체적으로 묘사해 달라고 부탁했다. 꿈을 이루었을 때의 표정과 분위기, 그리고 그 안의 공기까지 담아내고 싶었다.

'백억 행복한 손'님도 참여했다. 그분이 품은 꿈은 이러했다.

"저는 50명 정도의 청중 앞에서 강연을 하고 싶습니다. 청중은 40~50대 여성들 위주로 이루어졌으면 좋겠어요. 장소는 양옆에 통창이 있는 콘서트홀이었으면 합니다. 통창 너머로는 큰 나무와 푸른 잔디가 보이고, 새싹이 돋아나는 봄날이면 더 좋겠어요. 머리는 갈색 톤의 커트머리인데, 앞머리엔 몇 가닥 흰색 브리지가 있으면 좋겠어요. 옷은 목이 드러난 둥근 카라가 달린 네이비 원피스를 입고, 허리엔 벨트가 있는 디자인을 원합니다. 안

경도 쓰고 싶어요. 강연장 맨 앞줄에는 긴 머리를 가진 두 딸과 남편이 앉아 있었으면 좋겠어요. 그리고 50명의 청중이 행복한 표정으로 제 강연을 경청하고 있었으면 합니다. 저는 자연스러운 미소를 띠며 자신감 있게 강연하고 싶어요."

그분의 꿈은 구체적이고 생생했다. 상상만으로도 행복해지는 모습이 떠올라 저절로 미소가 지어졌다. 그분은 말했다. "이렇게 꿈을 떠올리는 것만으로도 평생 잊지 못할 값진 선물이 됐어요." 반짝이는 눈빛과 말에서, 나는 그 꿈이 얼마나 진심인지 알 수 있었다. 그 순간, 내가 꽤 괜찮은 일을 했다는 뿌듯함과 벅참이 밀려왔다. 이렇게 만들어진 이미지는 우리의 첫 특별한 추억이 되었다.

이후 그분은 다섯손가락 멤버로 합류하게 되었고, 나는 그분에게 '해피손'이라는 닉네임을 추천했다. 해피손님은 매일을 열정적으로 살아가고 있다. 일주일에 몇 개의 강의를 듣는지, 참여 중인 단톡방 모임이 몇 개인지 헤아릴 수 없을 정도다. 글을 쓰고, 유튜브 콘텐츠를 올리며, 필사와 독서를 즐기는 그녀의 모습은 그 자체로 에너지가 넘친다. 무엇이 이렇게 '해피손'님을 가슴 뛰게 만드는 걸까? 아마도 암을 극복하며 몸과 마음의 소중함을 절실히 깨달았기 때문일 것이다. 또한, 가슴 뛰는 삶을 꿈꾸며 계속 성장하고자 하는 의지도 그 이유일 것이다. 그녀의 열정을 가까이서 지켜보며 응원하는 과정에서 나도 덩달아 에너지를 얻는다.

예순이 마흔을 지나고 있는 나를 멘토라 부른다. 과연 내가 멘토가 될 자격이 있을까? 한동안 고민했지만, 이제는 큰 의미를 두지 않기로 했다. 누군가에게 꿈을 심어주는 것만으로도 내 삶의 가치가 충분히 느껴졌기 때문이다. 우리는 이제 서로의 안부를 묻고 응원하는 친구가 되었다. 그녀의 성장 과정에서 나는 또 다른 나의 성장을 발견한다. 그것이 내가 얻은 또 하나의 선물이다.

추천의 글

해피손

제목 : 내려 놓아라!!! 암 환우에게 들려주는 말

방하착(放下着)

3장

내려놓으라는 뜻이다.

왜 내려놓는가? 들고 있으면 무겁고 힘들기 때문이다.

뭘 내려놓는가? 마음을 내려놔야 한다.

마음에서 뭘 내려놔야 하는가? 집착이다.

집착이란 어디에서 발생하는가? 생각이다.

그러므로 생각을 내려놔야 한다.

참 실행하기 어려운 말이다. 많은 수행을 통해서 비로소 행
해지는 것이다. 불교에서 화두나 법문으로 많이 사용하는
단어다.

엊그제 아파트 친구로부터 전화가 걸려왔다. 안부 다음에
이어진 이야기는 친한 친구(나도 이름을 아는)의 남편이 폐암인
데 치료 중에 다른 장기로 전이가 되어, 나의 조언이 필요하
다는 부탁이었다. 나는 흔쾌히 내 연락처를 허락하고, 상대
방 연락처도 보내달라고 했다. 오늘 친구의 친구와 통화하
게 되었다. 같은 환우로서 안타까운 일이다. 암 선고를 받을
때의 심정은 말로 표현하기 힘들다. 그야말로 눈앞이 깜깜
하고 하늘이 노래진다. 어떤 말로도 위로가 안 되고 원망이

먼저 나온다. '착하게 잘 살았는데 왜 하필이면 나에게 이런 일이...' 하지만 그럴 시간이 없다. 생각이 만 갈래다. 어찌 해야 할지 일이 손에 잡히지 않는다. 이런 심정을 겪어본 나이기에 무슨 말을 어떻게 해줘야 할지 고민이 되었다. 내 경험을 살려 내가 행한 대로 이야기를 해준다. 만병의 근원이 스트레스지만, 암은 특히 그렇다.

1) 마음을 비워야 한다. 내려놓아야 한다.

하늘에 맡기고 최선을 다하면 기적이 일어난다. 집착하면 더 어렵다. 수용하고 인정하면서 모든 것을 내려놓고 자연과 하나 되어야 한다. 내 스스로 원인을 찾고 끄집어내서 마음속에 자리 잡은 응어리를 풀어야 한다. 병원 생활에서 신입 환우를 만나면 나의 역할은 마음속에 자리 잡고 있는 응어리를 자연스럽게 토해낼 수 있도록 판을 깔아주고, 함께 목 놓아 울면서 안아주고 다독이며 풀어주는 것이었다.

물론 관련 책을 많이 읽고 얻은 교훈을 마음가짐, 먹거리, 운동 등 세세하게 알려주었다. 나 같은 선배 환우가 이 역할을 해주었더라면 경각심을 갖고 더 철저히 관리했을 것이고, 재발이라는 뼈아픈 고통은 겪지 않았을지도 모른다고

3장

생각하여 값진 경험을 나누는 것이다. 한 사람의 소중한 생명을 위해서.

2) 철저한 식생활이다.

초기에는 모든 야채를 쪄서 집 된장에 찍어 먹었다. 재발암이라는 압박 속에서 뭐든 철저하게 관리하지 않으면 안 되는 상황이었다. 지금은 제철 채소, 제철 과일을 먹고, 식물성 단백질과 계란(난각번호 1번, 2번)을 먹는다.

마음은 원발보다는 편했다. 원발 때는 아이들이 초등학교 4학년, 6학년이었다. 대학생이 된 두 딸은 아빠와 잘 살아갈 거라고 생각하니 언제 가더라도 마음은 편했다. 다만 가족들에게 두 번의 큰 상처를 안겨줘서 너무 미안했다.

먹거리는 유기농 매장 '자연드림'을 이용했고, 해물, 밀가루, 견과류는 철저히 배제했다. 한 달에 한 번 가는 대구 큐비엠 연구소 교수님의 지침이었다. 해물은 뱃속에 들어가 발암 요인이 되는 요소가 있고, 밀가루 음식은 방부제가 많아 속도 편치 않으며, 견과류는 곰팡이 독소 때문에 먹지 않았다.

3) 꾸준한 운동이다.

비가 오나 눈이 오나 바람이 부나, 1년 365일 날마다 걸었다. 비가 오면 우산을 쓰고, 눈이 오면 모자와 패딩을 입고, 바람이 불면 코트를 입고 걸었다. 본인의 체력에 맞는 운동 강도를 맞추면서...

4) 몸을 이완해주는 호흡법 또는 명상이다. 숙면 시 자가 치유된다.

몸을 이완시켜주는 게 중요하다. 석문호흡을 통해 단전호흡으로 몸을 충분히 이완시켜 마음을 안정시켜야 한다. 물론 명상도 마찬가지로 좋다. 이완된 몸은 자동적으로 숙면을 따라온다. 숙면은 몸을 자가 치유한다.

5) 내 병은 내가 고친다. 내 병의 치료 맵을 만든다.

당부할 것은 내 병은 내가 고친다는 신념으로 공부를 해야 한다는 것이다. 자기 암에 대해서 전적으로 의사 말만 따르면, 마지막에 "더 이상 해드릴 게 없네요. 집에서 관리하세요."라는 말을 듣게 된다. 철저히 공부해서 의사에게 휘둘리지 말고 조목조목 따져서 내 병의 치료 맵을 만들어야 한다. 취할 것은 취하고 버릴 것은 과감히 버려야 한다. 불안하다

3장

고 전적으로 의사에게만 맡기면 안 된다.

6) 가족들과 주변 분들의 사랑이 필요하다.

한 생명을 살리기 위해서는 본인의 강한 의지와 가족들의 따뜻한 사랑이 절실하며, 주변 분들의 좋은 에너지가 모여야 가능하다는 것을 깨달았다. "하늘도 스스로 돕는 자를 돕는다." 끝까지 놓지 않고 절실하게 최선을 다하면 하늘도 감동하여 기적을 내린다. 내 경험을 통해 터득한 실천 내용을 고통받고 있는 환우들께 십분의 일, 아니 만분의 일이라도 도움이 되길 간절히 바란다. 모든 환우들의 쾌유를 빌며…

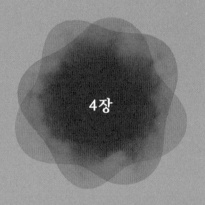

4장

이제는 말할 수 있는
이야기

1

저는 일일 배송 노동자입니다

Do not wait, the time will never be 'just right.'
Start where you stand, and work with
whatever tools you may have at your command.
기다리지 마라. 적당한 때는 결코 오지 않는다.
있는 자리에서 시작하고, 가진 도구로 일하라.
— 나폴레온 힐

'글을 쓴다'라는 의미는 어떤 의미일까? 오랜 시간 고민 해왔습니다. 또 오랜 시간 고민을 거듭하게 될 것입니다. 아직 명확한 답을 찾지 못했습니다. 답을 찾지 못해 그냥 해보면서 길을 찾는 중입니다. 하다 보면 길이 되기도 할 것이니까요.

<글터지기>

처음으로 예순이 아닌, 쉰 중반의 이야기를 해도 될까? 강의를 수강했던 멤버들 중 유일한 남자 멤버를 언급하지 않을 수 없

다. 아쉽게도 그는 쉰 중반쯤 되었다. 왜 아쉬운가 하면, 예순이 아니어서 내가 계속 머뭇거렸기 때문이다. 예순이었다면 고민 없이 소개했을 텐데 말이다. 그만큼 소개하고 싶은 인물이다. 그는 '글터지기'라는 닉네임을 사용하고 있었다.

처음에는 성별을 알지 못했지만, 소개 글과 몇 편의 글을 통해 남자라는 것을 알았다. 성별을 강조하려는 것은 아니다. 다만, 한 집안의 가장으로 부단히 노력하는 현실 속 가장이자, 5년 후의 삶을 대비하며 글쓰기를 통해 나를 찾는 과정을 겸하고 있다는 점에서 특별했다. 그는 내 강의를 듣기 전, 다른 블로그 강의를 듣고 있었다. 신청자 모집 글에서 그는 사실을 솔직하게 남겼다. 나는 그 강의를 모두 듣고 나서 다시 생각하자고 했다. 그런데 몇 시간 후, 장문의 댓글이 다시 올라왔다. 꼭 이 강의를 수강하고 싶다는 내용이었다. 내 속에 있는 글을 쓰고 싶었지만 방법을 몰랐다고 했다. 그리고 '다섯손가락' 멤버들의 글이 너무 좋아 꼭 배우고 싶다고 했다. 배움에 간절한 신청자였다. 서로의 진심을 확인하며, 우리의 본격적인 인연은 시작되었다.

그분은 글을 잘 썼다. 다만 글의 농도를 조절할 필요가 있었다. 때로는 짜고, 때로는 싱겁게 가야 하는데, 그의 글은 항상 진한 사골 같았다. 모든 글이 진지했고, 진솔했다. 거친 피드백보다는 칭찬이 필요했다. 나보다 글을 훨씬 잘 쓰는 사람이었으므로, 나는 글의 농도만 조절해주면 되었다. 강의시간이 다가오고 줌 화면이 켜지면 그분은 항상 먼저 와 있었다. 책상 옆에 어울리는 서재가 보였고, 안경을 쓴 채 집중하는 모습이 보였다. 나는 어울리는 프로필 사진과 배경 화면을 제안했다. 어떤 제안에도 밝게, "예, 알겠습니다. 해보겠습니다. 감사합니다."라는 대답으로 돌아왔다. 그의 목소리 톤에서조차 열망이 느껴졌다. 나이로 따지면 내가 더 어리지만, 항상 깍듯한 톤과 매너를 보였다. 글터지기님은 삶에 대한 존중을 깊이 새기고 있는 사람 같았다.

지금 그는 배송 일을 하면서도 틈틈이 글을 쓰고 독서를 한다. 5년 뒤를 대비하며 글을 쓰는 사람이다. 마치 학교에서 수업을 들을 때 항상 앞자리에 앉아 선생님의 눈을 마주치며 한 자도 놓치지 않으려는 학생 같았다. 질문을 하면 1초 만에 답이 나왔고, 적절한 유머와 분위기 조율도 탁월했다. 그의 단점이 있다면, 지나치게 감성적일 수 있다는 점 정도일까? 예순의 글 친구가 이런 말을 한 적이 있다. "열심히 사는 사람은 자주 아프다."

4장

그 이야기를 들으며 문득 글터지기님이 떠올랐다. 세상을 열심히 살아가는 그이기에 더 그랬다. 몸도, 마음도, 자신을 먼저 돌봤으면 좋겠다.

노력이 고민을 이기면, 반드시 결과를 맺는다고 했다. 지금 그가 쏟는 노력이 5년 뒤에 큰 결실을 맺을 것이다. 그에 대해 더 깊게 이야기 하고 싶은데, 언젠가 그의 책으로 소개되길 바라는 마음이다.

추천의 글

글터지기

제목 : '그리움'은 '사랑'과 동격입니다

다들 사연 있는 음식이 하나쯤은 있으시죠? 제게 계란프라이는 항상 '그리움'입니다. 태어날 때부터 부모님은 장사를 하셨습니다. 매일 06:00부터 23:00까지 가게 문을 여셨지요. 명절에도 휴가 없이 365일을 문을 여셨으니, 지금 생각해도 저라면 못 할 일이었을 겁니다. 가게에서는 야채, 생선, 과일 등을 판매했고, 끼니때를 잘 맞추기가 어려웠습니다. 어린 시절부터 밥상 위에는 항상 김치와 밑반찬이 올려 있었고, 신문지나 방충망으로 덮어 놓고 밥만 떠서 먹는 일상이었습니다.

어머니는 그런 제게 끼니마다 계란프라이를 부쳐 주셨습니다. 들기름에 부친 계란프라이, 군침이 돌죠? 하지만 이런 맛난 계란프라이도 어느 순간부터는 비린내가 났습니다. 매일 같은 음식이었으니까요. 너무 싫었습니다. 1년 내내 변하지 않는 식단이 지겹고, 도시락에 올라오는 것도 지겨웠습니다. 대학에 가면서 다시는 계란 음식은 먹지 않겠다고 다짐했었습니다. 세월이 지나 군에 입대해 장교의 길을 걸었습니다. 장교 식당에서도, 병사 식당에서도 계란프라이는 나오지 않았습니다. 시간이 지나면서 어느 순간부터 계란프라이가 자꾸 먹고 싶어졌습니다. 그토록 싫다는 표정을 짓고 있던 아들놈 등교 전에 밥 한 그릇 먹이겠다고 장사하면서도 계란프라이를 부치던 어머니의 뒷모습이 자꾸 떠오르는 겁니다. 아침 손님들에게 물건을 팔면서도 한쪽에서 계란을 부치셨고, 때로는 손님 접대하느라 태우기도 하셨지요. 밥 먹기 싫다고 하면 "이거라도 하나 먹고 가라."

며 프라이팬 째로 상에 올려주시던 그 모습이 자꾸 떠오르는 겁니다.

부모님 이혼 후 저는 어머니를 많이 뵙지 못했습니다. 췌장암을 앓고 계셨던 걸 끝내 숨기시고 어느 날 갑자기 그렇게 떠나셨습니다. 그래서 제게 계란프라이는 어머니와 '그리움'의 동격입니다. 식사를 제가 챙겨 먹을 때는 꼭 두 개씩은 부쳐 먹습니다. 가끔 들기름에 부치기도 하고요. 어느 식당에서 계란프라이가 나오면 거의 100% 단골이 됩니다. 그게 자꾸 먹고 싶어져서요. 맛보다는 그리움이 섞여서겠지요. 오늘 문득 계란을 부치다가 잠시 어머니 생각을 했습니다. 제가 평생 타인에게 한 번도 꺼내지 않았고, 동생에게도 한 번도 꺼내지 않았던 이야기입니다. 언젠가 제가 마음의 준비가 되면 그때는 어머니를 기록해야겠다고 생각한 오늘입니다. 오늘은 마침 우리 집 막둥이 아들이 아빠를 보겠다고 저녁에 오겠다고 하네요. 통화하면서 '귀찮아.' 했지만, 속으로는 '몇 시에 오나' '맛있는 거 뭘 먹일까?' 생각합니다. '그리움'은 '사랑'과 동격입니다.

2

세월의 농익음을
전하고 싶어요

In the end, it's not the years in your life that count,
It's the life in your years.
결국 중요한 것은 당신의 삶에 담긴 '시간'이 아니라, 그 '시간 속의 삶'이다.

— 에이브러햄 링컨

살아보니, 마음의 여유가 없으면 사고가 경직된다.

마음의 여유가 없으면 나 중심이 될 수밖에 없다.

마음의 여유가 없으면 이 아름다운 계절이 보이지 않는다.

<산소쌤>

블로그를 하다 보면 다양한 이웃을 만나게 된다. 몇 번의 소
통을 하다 보면 가까워지는 이웃도 생기고, 더 많은 사람들에게

알리고 싶은 이웃을 만나기도 한다. 산소님이 그런 이웃이었다. 예순의 나이에 글을 쓰는 이유는 매우 특별했다. 산소님은 자신의 삶에서 얻은 다양한 시각을 이웃들과 나누고 싶어 하셨다. 그분의 글에 빠져들게 되었던 계기가 된 글이 있다.

> "내 글을 읽고 사람들이 따뜻하고 행복한 마음을 가질 수 있으면 좋겠다는 생각으로 블로그를 시작했다. 60살 하고도 반을 넘게 살았던 세월의 농익은 경험이 많지 않겠는가? 삶의 지혜를 얻고, 마음이 힘든 사람이 내 글을 읽으며 '아하, 그럴 수도 있겠구나.' 하며 위안을 얻고, 치유되었으면 좋겠다."

나이만으로는 젊은 사람들에게 존경을 요구할 수 없다. 존경심은 깨달음과 맞닿아 있으며, 글을 통해 깨달음을 얻게 되면 자연스럽게 존경심도 생긴다. 그분은 교직에서 40년을 보내셨고, 은퇴 후 제2의 인생을 준비하며 살아가고 계신다. 그 삶은 나눔과 배움으로 가득 차 있다. 독서를 하고, 강의를 듣고, 새로운 것을 받아들이며, 그분의 세월과 경험을 자연스럽게 녹여낸다. 이 과정을 지켜보면서 나는 '최고의 균형'이란 생각을 했다.

그분의 글에 나는 점점 더 끌렸다. 산소님이 컨디션이 좋지 않거나 글에서 고민이 느껴질 때면 걱정되고 염려되었다. 어느 날, 그분의 글을 보며 나는 먹먹해졌다. 항암 치료를 받고 있는 주변 지인에 대한 이야기였다. 나는 그때 깨달았다. 마흔과 예순이 바라보는 죽음의 시각은 다를 수 있다는 것을. 예순은 죽음을 더 자주 마주하고, 이미 가까운 사람의 죽음을 경험했을 가능성이 크다. 죽음을 대하는 방식에서, 예순은 그만큼 깊은 생각을 하게 될 것이다. 그래서 그날 산소님을 위로하고 싶었다. 깊게 익어가던 가을의 낙엽 길을 걷던 중, 나는 그 마음을 글로 전했다. 원문 일부를 인용하면 다음과 같다.

- 산소님을 위한 글

"산소님, 제가 전에도 말씀드렸지만, 산소님은 제가 닮고 싶은 어른이십니다. 제가 산소님의 나이가 되었을 때, 산소님처럼 멋진 어른이 되고 싶습니다. 언젠가 한 번 뵐 기회가 있으면 좋겠지만, 그렇지 않더라도 좋은 이웃으로 함께하며 많은 배움을 얻고 싶습니다. 그리고 때로는 제가 산소님께 마음의 위로를 전할 수 있으면 좋겠습니다. 앞으로도 좋은 이웃으로 함께하겠습니다."

4장

이 글을 읽고 산소님은 이렇게 답해주셨다.

"더블와이파파님, 위로 감사해요. 요즘 가끔 지구별을 떠나는 지인들의 소식을 듣습니다. 빈소에서 이런저런 이야기를 나누다 보면 많은 생각을 하게 되죠. 사람들은 나를 어떻게 기억할까요? 사람들이 나를 어떻게 기억해 주길 바랄까요? 가끔은 멈춰 서서 자신의 삶을 객관적으로 바라보는 시간도 필요할 것 같아요. 더블와이파파님은 블로그 글을 보면 항상 최선을 다해 열심히 살고 계신 것 같아요. 우리의 매일매일 삶의 조각들이 모여 우리의 인생이 되는 거죠. 주신 선물에 감사하며 즐겁고 행복하게 사는 것이 보답일 거라 생각해요. 지금까지 살아온 그날들이 의미 없었던 적은 없었을 겁니다. 그래서 마땅히 존중받아야 한다고 생각해요. 더블와이파파님은 잘 살아오셨고, 앞으로도 잘 살아가실 겁니다. 우리 함께 파이팅해요."

산소님은 나의 학창 시절 선생님은 아니었지만, 글을 통해 만난 인생의 멘토였다. 그분은 나에게 직접적인 해결책을 제시하지 않았다. 대신 자신의 생각을 은은하게 풀어내며, 내가 스스로 깨닫도록 이끌어 주었다. 나는 그 은은함에 자연스럽게 빠져들었다. 특히 산소님만의 독특한 문체인 '지요'체는 내게 깊은 인상을 남겼다. 예를 들어, '나는 이렇게 했지요. 그럴 때는 이렇게 하는 게 좋았지요.' 같은 문장들이다. 이런 문체는 따뜻하면서도 담담한 매력이 있다. 나도 이제는 그 문체를 내 글에 자주 사용한다. 뭔지 모르게 끌리는 은은함이 좋기 때문이다. 정답을 제시하는 방법이 아니었다. 내 방법을 통해 네 방법도 생각해 보면 좋겠다는 은은한 제안이자 권유였다. 강함이 아니라, 유연함이었다.

그분은 인생 후반전을 준비하며 다양한 자격증을 취득하고, 끊임없이 배움을 이어가고 계신다. 블로그 닉네임도 '산소1'에서 '산소쌤'으로 바꾸셨다. 가끔 내게 블로그나 SNS에 관한 질문을 하기도 한다. 그럴 때면 우리의 역할이 잠시 바뀐다. 대화 속에서도 산소님의 열정이 늘 느껴진다. 예순의 나이에 이렇게 열정적이고 가슴 뛰는 삶을 사는 이유가 무엇일까? 궁금하지 않을 수 없다. 그러나 나는 그 답을 군이 듣고 싶지 않다. 스스로 깨달을 수 있을 거라 믿기 때문이다.

예순에는 적당한 경제적 여유가 필요하다. 물론 적당함의 기준은 사람마다 다르겠지만, 예순의 여유는 마흔처럼 삶을 일로 대신할 필요 없는 편안함을 뜻한다. 나는 마흔의 치열함이 있었기에 지금의 예순이 가능하다고 생각한다. 그분은 나에게 이렇게 말했다. "너무 조급하게 가지 않아도 됩니다. 시간의 의미는 결국 자신이 부여하는 것입니다." 그 말을 들으며 나는 깨달았다. 마흔의 조급함이 예순의 시각에서는 그 길을 지나온 안타까움으로 비칠 수 있다는 것을. 그 말이 나로 하여금 많은 것을 생각하게 했다. 나는 과연 무엇을 놓치고 있는지 돌아보게 되었다.

시간의 제한성으로 저를 몰아넣고, 스스로 설정해 놓은 목표를 달성해 보았지요. 그리고 그 과정에서 기쁨도 맛보았지요. 하지만 시간의 제한성으로 인해 저를 몰아넣으며, 불안과 초조함으로 마음이 메마르고, 오히려 무기력함도 느끼게 되었지요. 파파님, 시간은 그대로인데 자꾸 제가 시간에 의미를 부여하니 초조하고 불안해지더군요. 그럼에도 불안과 초조함이 목표를 달성하는 밑거름이 된다는 점은 인정합니다. 스스로 설정한 목표를 위해 이런 분심(불안과 초조함)도 함께함을 받아들이고 인정하며, 이를 나의 마음 동반자라고 생각해 보는 건 어떨까 합니다. 시간은 나의 의사와는 관계없이 무심히 흘러갑니다. 하지만 저는 시간에 의미를 계속 부여하지요. '싯다르타'에서 말하는 세상의 고통, 번뇌, 아픔 등은 모두 시간이 원인이 된다는 의미와 일맥상통하는 것 같습니다. 파파님, 가끔 저는 '생각 빼고 멍 때리기'를 하곤 합니다. 그럴 때 마음이 전참(전환과 참된 여유)을 얻더군요. 생각의 꼬리가 자꾸 길어질 때, 그것을 잠시 내려놓는 것이 제가 살아가는 방법 중 하나이지요.

추천의 글

산소쌤

제목 : '산소' 별칭은 이렇게 달게 되었다

1982년 첫 발령을 받고, 아이들은 나를 '풀안나'라고 불렀다. 얼마나 감정에 인색하고 원칙을 앞세웠던지, 앉아 있는 자리에는 풀도 안 날 거라며 몇몇 학생들이 지어준 별칭이었다. 아이들이 그런 별칭을 지었다고 해서 그 시절 마음이 불편하거나 싫지는 않았다. 오히려 그 별칭을 즐겼던 것 같다. 그때 나는 교사는 그래야 한다고 생각했다. 명확하게 알려주고, 가야 할 방향과 규정을 철저히 지켜야 한다고 믿었다. 나의 모델링은 학창 시절 내 선생님들이었다. 그렇다고 해서 학생들에게 애정이 없었던 것은 아니다. 사랑을 많이 받고 자란 나는 눈물도 많고 인정이 넘쳐, 오히려 큰일이라는 얘기를 들으며 자랐다. 초등학교 때는 착한 어린이 상도 많이 받았다.(그때는 그런 상도 있었네.) 그런 내가 '풀안나'라니. 첫 직장 생활에 마음의 여유가 없었다. 긴장하면 사고가 경직될 수밖에 없다. 내가 학창 시절 경험한 만큼만 알았던 것이다.

초임 교사가 얼마나 잘해 보려고 애썼겠는가? 아이들을 어떻게 다뤄야 하는지 매일 긴장의 연속이었다. 선배 교사와 관리자는 왜 그리 무서웠던지, 문제가 생기면 해결 능력 부족으로 마음이 더 위축되곤 했다. 그러다 보니 사고가 경직되고, 원칙만 이야기하는 '풀안나' 같은 선생님이 되었다. 학생들마다 개인차가 있다는 것을 어떻게 알겠는가? 교육 심리에서 배운 이론만으로 사람을 완전히 이해하기란 어려웠다. 내면적으로도 나 홀로서기가 바빴다. 처음 하는 직장 생활에서 매일 얼마나 긴장했을까? 경력이 짧을 때는 학생들과 어떤 활동을 해야만 좋은 교사라는 강박이 있었다. 엽서전, 모둠 일기, 작은 음악회, 아침 명상 등등. 물론 이런 행사를 통해 학생들을 살펴보며 오고 가는 감정을 읽을 수 있었겠지만, 그 시절 나는 목적에만 집중했다. '내가 해냈다!' 그리고 '너희에게 내가 추억을 주었다.'라는 생각, 마음보다 사고가 먼저였던 것이다.

경력이 쌓이면서 마음의 여유가 생기고, 교수법에 자신이 생기며 선택과 집중이 가능해졌다. 아이들의 마음이 보이기 시작했고, 학생들의 진짜 바람(real want)에 초점을 맞추는 나를 발견했다. 결혼하고 엄마가 되니 아이들이 다르게 보이기 시작했다. 사고의 유연함이 생기고, 한 명 한 명 학생들의 마음을 들여다보는 직관력도 더해졌다. 1997년부터 시작한 상담 공부는 점차 나를 부드럽고 유연한 사람으로 만들었다. 모난 부분이 여기저기 깎이면서 성장하고 성숙해지는 과정이었다. 이 공부는 지금도 놓을 수 없다. 여유 시간이 생기면 책을 더 읽고, 더 배우고 싶다. 아직도 배움에 대한 갈증을 느낀다. 나는 사람이 좋다. 그냥 모든 사람이 좋다. 그래서 다행이지만, 또 문제이기도 하다.

어느 날, 5교시. 점심 먹고 바로 시작하는 수업이라 학생들 중 몇 명이 꾸벅꾸벅 졸기 시작했다. "샘이 가르치는데 자고 있어? 이놈들!" 농담을 섞어 소리치자 한 남학생이 우스꽝스러운 표정을 짓고, 이상한 웃음소리를 내며 '캭캭'거린다. 졸던 학생들도 박장대소했다. 유머 넘치는 그 남학생은 이전에 자신의 아픔을 상담한 뒤부터 나를 '샘'에서 '존경하는 샘'이라 부르기 시작했다. "지금부터 이 교실에 이산화탄소가 많다! 샘이 우리를 위해 지금 산소통을 연다. 팡~ 팡~~~!" 그 이후로 나는 '산소쌤'이 되었다. '풀안나'에서 '산소'로 변한 것이다. 모든 수업 도구에 '산소'로 기록되었고, 학생들은 나를 산소쌤이라 불렀다. 동료 교사들은 '산소 영애', 만인의 언니라고 부르며 농담을 섞곤 했다. 자연스럽게 블로그 이름도 산소가 되었다. 요즘은 정말로 산소쌤으로 개명할까 하는 생각도 든다. 나는 교감이나 교장 시절보다 학생들과 부딪히며 지냈던 평교사 시절이 더 좋다.

살아보니,

마음의 여유가 없으면 사고가 경직된다.

마음의 여유가 없으면 나 중심이 될 수밖에 없다.

마음의 여유가 없으면 나의 이야기만 한다.

마음의 여유가 없으면 이 아름다운 계절이 보이지 않는다.

마음의 여유가 없으면 맛있는 음식을 먹으면서도

그 맛을 음미하고, 즐거움과 행복감을 느끼지 못한다.

마음의 여유가 없으면 많은 것을 잃는다.

짙어가는 가을에 생각해 본다. 지금 나는 마음의 여유가 있는가? 무엇 때문에 정신없이 쫓기며 살고 있는가? 진정한 내가 없고, 쫓기며 떠다니는 나는 아닌가? 마음이 넉넉할 때, 나와 타인의 여린 마음이 보인다. 그 마음이 보일 때, 더 애틋하게 사랑할 수 있다. 행복하고 즐거웠던 그 시절, 제자들이 지어준 별칭 '산소쌤'을 사랑한다. 지금 나의 마음이 그때만큼 넉넉하고 여유 있는가 돌아본다. 산소쌤이라 불러주던 아이들도 그립다. 모두가 이 가을에 넉넉한 마음으로 살아가기를 바란다.

4장

예순에 작가가 되었습니다

It is not how much we have,
but how much we enjoy, that makes happiness.
우리가 가진 것이 얼마나 많은가가 아니라,
그것을 얼마나 즐기는가가 행복을 만든다.
— 찰스 스펄전

우리 부부가 나이 들었다고 해서 꼭 나이에 맞게 살아야 한다는 법은 없다고 생각한다. 철부지 아이처럼 행동해도 서로 좋게 받아주고 함께 웃을 수 있으면 그게 바로 행복이다.

<그님>

조금 독특한 글을 쓰는 예순을 만났다. 그분은 주로 남편과의 일상을 글로 쓴다. 오늘 있었던 일, 남편과 산책하며 나눈 이야

기, 점심을 먹으며 주고받은 대화 등, 얼핏 보면 평범한 이야기다. 그러나 몇 편의 글을 읽으며 이 글이 단순히 평범하지 않음을 깨달았다. 그분은 자신을 '그님', 남편을 '내편'이라고 불렀다. 이 독특한 호칭에는 오랜 세월 함께해 온 두 사람만의 깊은 애정과 유대가 담겨 있었다. '그님'과 '내편' 사이의 금슬은 내게 낯설면서도 흥미롭게 다가왔다.

예순이 되어 비로소 자신의 삶을 살게 되었다고 했다. 세 번의 전신마취 수술을 겪은 뒤, 이제야 진짜 가장 좋은 시기를 살고 있다고 말했다. 남편과의 알콩달콩한 삶을 기록으로 남기는 이유에 대해 이렇게 설명했다. "자식들에게 남겨줄 행복한 유산이라고 생각했어요. 제 삶을 보며 자녀들도 결혼을 긍정적으로 바라보길 바랐죠." 그분의 글은 단순한 부부관계 자랑이 아니었다. 가까이는 결혼 적령기의 자녀들에게 결혼을 장려하려는 글이었고, 멀리는 결혼 기피 시대를 살아가는 젊은 세대에게 전하고 싶은 이야기였다.

"예순이 되어서야 지금이 제일 좋다." 그분의 말은 진심으로 다가왔다.

4장

현실 속에서 알고 있는 일반적인 예순 부부는 각자의 삶을 살고 있는 듯 보일 때도 있었다. 하지만 '그님'과 '내편'의 부부는 언제나 서로를 깊이 배려하고 있었다. 그 속에는 단순한 동반자 이상의 진심 어린 교감이 느껴졌다. '그님' 덕분에 나도 예순 즈음의 나이에 아내와 함께 이런 소박한 일상을 누리고 싶다는 생각을 하게 되었다. 내가 '그님'에게 빠져든 이유를 세 가지로 꼽을 수 있다.

첫째, 디테일한 묘사다. 그분의 글은 단순히 밥을 먹고 산책을 했다는 데서 그치지 않는다. 밥이 약간 질었는지, 반찬의 가짓수와 색감은 어땠는지, 바람의 온도는 어떠했는지, 사소한 것까지도 놓치지 않고 기록하듯이 세밀하게 묘사한다. 마치 메모장을 옆에 두고 사는 사람처럼 느껴질 만큼, 그녀는 일상 속 작은 순간들을 놓치지 않는다. 표현력 또한 탁월해서, 그 글을 읽고 있으면 마치 내가 그 자리에 있는 듯한 생생함을 느낄 수 있다.

둘째, 뛰어난 소통 능력이다. '그님'은 4년간 꾸준히 블로그를 운영하며 온라인상에서 다양한 사람들과 소통해왔다. 많은 사람들이 블로그를 운영하지만, 그녀의 소통은 단순한 형식이 아니라 진심에서 우러난 것이었다. 내가 블로그에 남긴 글에 '그님'이 남겨준 댓글에서도 그 진심이 묻어났다. 공감을 끌어내는 힘이 있었고, 단순히 의례적인 인사가 아닌 글을 제대로 읽고 그 깊이에 공감했을 때만 가능한 소통이었다. 블로그에 많은 시간을 할애하며 꾸준히 이웃들과 소통을 지속하는 것은 글쓰기를 진심으로 사랑하지 않으면 쉽지 않은 일이다.

셋째, 사람과의 관계가 깊어질수록 더 깊은 교감을 나누는 능력이다. 내가 주최한 글쓰기 강의에 '그님'을 특별 강사로 초청한 적이 있다. 다른 사람들 앞에서 자신의 이야기를 나누는 것은 큰 용기가 필요한 일이었다. 그러나 '그님'은 그 도전을 받아들였고, 그날의 경험은 우리 둘에게도 의미 있는 시간으로 남았다. 그분은 자신의 삶을 솔직하게 나누며 청중에게 공감을 이끌어냈고, 그날의 대화는 나에게도 큰 울림을 주었다.

그날 '그님'이 들려준 이야기를 요약하면 이렇다. 그녀는 초등학교 시절 문예반에서 글쓰기를 시작했다. 선생님의 칭찬을 받으며 글쓰기에 흥미를 느꼈고, 욕심이 생겼다. 그래서 한때는 상상 속 이야기를 꾸며서 쓰기도 했지만, 선생님은 이를 알아보시고 글은 거짓을 쓰면 안 된다고 가르쳐주셨다. 그때 '그님'은 글은 자신의 경험과 진실에서 나와야 한다는 중요한 교훈을 배웠다.

중학교 시절에는 전학으로 인한 외로움과 그리움이 글을 쓰는 원동력이 되었다. 고등학교에서는 독후감 대회에서 상을 받으며 글쓰기에 더 깊이 몰두하게 되었다. 돌이켜보면 그녀는 항상 글을 써왔다. 퇴직 후에는 남편과 함께 블로그를 배우기 시작했고, 매일 산책을 하며 느낀 것들을 기록하며 부부간의 일상을 글로 표현하는 데 더 익숙해졌다. 그녀가 글을 대화체로 쓰는 이유는 단순했다. 큰 수술을 세 번이나 겪으면서 죽음에 대해 깊이 생각하게 되었고, 자신의 삶을 글로 남기고 싶다는 마음이 생겼기 때문이다. 아이들에게 '나는 이렇게 행복하게 살았다.'는 메시지를 남기고 싶은 마음이 블로그 글에 담겨 있다.

'그님'은 블로그를 통해 부부간의 관계가 더 돈독해졌다고 믿는다. 언제나 곁에서 함께해 준 남편 덕분에, 그리고 세 번의 수술을 거친 후 세 번째 삶을 살고 있다고 믿는 지금, 그녀는 남편과 더 알콩달콩한 시간을 보내고 싶어 한다. 이야기를 들으며 나도 많은 생각을 했다. 열심히 사는 것도 중요하지만, 그 과정에서 소중한 순간들을 놓치지 말고 더 자주 표현해야겠다는 깨달음을 얻었다. 지금 '그님'의 남편은 글을 쓰지 않지만, '그님'의 글 속에서 남편의 사랑은 자연스럽게 드러난다. 오랜 시간에 걸쳐 쌓아온 애정과 신뢰에서 비롯된 것임을 알 수 있다. 긴 세월 동안 많은 어려움을 겪었지만 이제는 남편과 함께 소박하고도 알콩달콩한 삶을 살고 싶어 하는 예순의 소망은 단순한 바람을 넘어서, 삶의 가장 소중한 진실을 담고 있다. 그리고 그 진실이야말로 자식들에게 남겨줄 최고의 선물일 것이다.

'그님'의 글을 읽으면서 나도 자연스럽게 아내를 떠올렸다. 나도 '그님'의 남편처럼, 아내에게 발마사지를 해줄 수 있는 남편이 되고 싶다는 생각을 했다. 그리고 자식들에게 그러한 모습을 보여줄 수 있는 부모가 되고 싶다. 이 작은 결심과 깨달음이 '그님'의 글에서 비롯된 것이다. 최근 '그님'은 자신의 글을 책으로 출간했다. 출판사와의 조율, 퇴고 과정을 힘들어 하기도 했다. 내가 해줄 수 있는 말은, '힘내세요.'라는 응원뿐이었다. '그님'은 혼자 힘으로 모든 과정을 헤쳐 나갔고, 결국 멋지게 책을 출간했다. 응원하는 팬들과 함께 작은 북토크도 진행했다. 이제 그 경험을 다른 사람들과 나누기 위해 준비하고 있다. 예순은 그 길이

4장

자신이 가슴으로 선택한 길임을 알고 있다. 나 역시 동시대의 마흔과 또 다른 예순을 보며 '가슴이 시키는 일을 하라.'고 말해주고 싶다. 가슴이 이끄는 대로 행동하는 사람, 그것이 내가 아는 예순이다. 지금 '그님'은 가슴이 뛰는 일을 하고 있다.

추천의 글

그님

제목 : 부부가 함께 한다는 것은

내편이 퇴직한 지 두 해가 지나고 있는 시점. 거의 평생 주말부부로 살았는데, 내편은 내편대로 가족을 부양하기 위해 어쩔 수 없이 홀로 타 지역에서 직장 생활을 옮겨 다니며, 나는 아이들을 혼자 도맡아 양육할 수밖에 없는 상황이었다. 때론 힘들다고 울면서 속상해하기도 했지만, 현실에서 함께 살 수 없음이 안타까웠고, 티 없이 맑은 아이들을 보며 힘을 내곤 했다. 그렇게 기나긴 여정을 마치고 아이들을 독립시켰는데, 이번엔 마치 차례가 왔다는 듯 내편이 집으로 돌아와 안주하러 들어온 것이다. 아이들을 사랑으로 키워 독립시킨 것이 뿌듯해 자유를 선언하자마자 내편이 그 빈자리를 꿰차고 들어왔다. 마치 이번에 사랑받을 사람은 자기라는 듯 말이다. 역시 사람은 혼자 살 수 없나 보다. 자유는 커녕 또다시 엮여 살게 되었으니.

퇴직 전, 곰곰이 생각에 생각을 거듭했다. 수학 문제를 풀듯이 해답을 찾아야 했다. 내편과 사이좋게 사는 법을. 우선 서로를 위해 요양보호사 공부를 하고 자격증을 따자고 제안하니, 내편은 흔쾌히 콜! 둘이서 학원에 등록하여 시험을 패스! 퇴직 후 봉사하며 살고 싶다는 내편의 말을 듣고, 이번엔 사회복지사 자격증에 도전해 보자고 제안하니, 역시 콜! 혼자 공부하는 건 싫다며 물귀신처럼 나를 붙잡고 같이 등록해, 내편과 나는 나란히 사회복지사 자격증도 받았다.

다음에 도전할 것을 고민하던 중, 내가 가장 하고 싶었던 블로그를 배우고 싶다고 하자, 내편은 여성가족원에 블로그 마케터 과정과 유튜브 과정을 등록했다. 그리고 또 나란히 같이 배우게 되었다. 열정이 많았던 내편은 과정을 마치자 모든 것이 시들해지고 자신이 좋아하는 것으로 전향했지만, 블로그에 열정이 생긴 나는 내편이 물심양면으로 도와주어

204

4장

여기까지 오게 되었다. 이 모든 것이 퇴직을 앞두고 고민하며, 같이 배우고 익히면서 서로의 장점을 발견하고 이해하게 된 덕분이었다.

퇴직 후 부부가 함께 생활한다는 것은 뉴스나 인터넷 기사에서도 자주 접하는 사실이었다. 남편이 '삼식이'가 되어 아내에게 부담을 주고, 아내는 곰국을 끓여놓고 외출했다가 저녁에 들어온다는 이야기. 부부가 한 공간에 있으면 불편해서 다툰다는 이야기들도 많이 들었다. 우리도 다르지 않을 거라 생각했지만, 그렇게 살면 남은 생이 불편하고 서로를 원수처럼 여길 것 같아, 우리는 함께 대화하며 노력했다. 함께 학습하고, 함께 자격증을 따고, 그 과정에서 서로에게 맞는 것을 찾아 실행하니 불편함보다는 서로 믿고 의지하며 격려하는 부부로 발전할 수 있었다.

무엇보다 함께 학습하는 과정에서, 우리가 대학 다닐 때 경험하지 못했던 캠퍼스 커플이 된 듯한 기분을 느꼈다. 서로 경쟁하며 앞 다투어 이기고자 하는 마음에 학습의 어려움보다는 재미를 더 느끼게 되었다. 보이지 않는 끈으로 연결된,

더욱 돈독한 부부로 되어가고 있다. 서로 대화를 나누면 언쟁은 잠깐, '그래, 너 잘났다.' 하면서도 늘 웃음으로 승화되었다. 퇴직 전후 부부가 함께 다니며 노력한다는 것은 캠퍼스 커플보다 더 강한 믿음과 결속력이 생긴다는 것을 몸소 체험하게 되었다.

아이들이 자랄 때는 아이들을 사랑했고, 내편이 퇴직한 후에는 내편을 향한 사랑을 키워가고 있다. 우리 부부가 나이 들었다고 해서 꼭 나이에 맞게 살아야 한다는 법은 없다고 생각한다. 철부지 아이처럼 행동해도 서로 좋게 받아주고 함께 웃을 수 있으면 그게 바로 행복이다. 나는 그렇다. 마음은 청춘이란 말처럼, 지나간 청춘을 되돌릴 수는 없지만 청춘처럼 즐기며 살 수는 있다고 생각한다. 내가 추구하는 노년의 삶을 일상으로 끄적거려도 재미있게 봐주는 이웃들이 있어, 마음껏 청개구리처럼 올라갔다 내려오며 지금을 살고 있다. 감사하다. 행복하다. 기쁘고 즐겁다. 내편과 나의 노년의 청춘을 즐기며.

예순, 팔로워 1.7K
인플루언서가 되다

> 소방관의 삶은 숙명인 듯싶습니다. 우리 동료 소방관들은 자기 죽을 줄 모르고 불길 속에 몸을 던집니다. 소방관이 살아야 국민들의 안전도 지켜줄 수 있는데 말입니다. 저는 35년의 기나긴 소방관 생활 중 굴곡이 참 많았습니다.
>
> <기공메자>

내가 활동하고 있는 자기계발 클래스에는 뛰어난 사람들이 참 많다. '뛰어나다'는 것이 개인차가 있겠지만, 팔로워 수가 많은 사람들도 있고, 전자책과 종이책을 출간한 작가들도 있다. 그들은 매일 콘텐츠를 생산하기 위해 끊임없이 고민하고 노력한다. 동반성장하는 모습을 보며 환경설정의 중요성을 실감하게 된다. 이 그룹이 시작되었을 때, 처음에는 몇 명의 예순도 있었다. 그러나 그들은 속도를 따라가기 힘들다고 했다. 그분들의 말이 충분히 이해가 되었다. 서른에서 마흔이 주축이 된 곳에서 예순들이 함께하기란 쉽지 않았을 것이다. 하지만, 내가 나이를 기준으로 성급하게 판단하고 있는 것은 아닐까? 이 생각을 깨준 사람이 있다. 바로 소방관 '기공메자'님이다.

그분은 35년 동안 소방관으로 재직하며 소방서장까지 지냈고, 현재는 공로연수 중이라고 했다. 퇴직을 앞두고 그는 제2의 인생을 준비하고 있었다. 이미 종이책과 전자책을 출간한 작가이기도 했다. 그분의 글은 무게감이 있었다. 지난 소방관 생활 동안 나보다 남을 먼저 생각하며 살았던 그의 삶, 여러 번 죽음의 고비를 넘기며 깨달은 인생의 순간들이 고스란히 담겨 있었다. 내가 그를 존경하는 이유는 나이를 가늠하기 어렵다는 점이었다. 마흔도 따라가기 힘든 속도로 콘텐츠를 생산하며, 무려 17,000명의 팔로워를 보유한 인플루언서가 되었다. 내가 아는

4장

예순 중 가장 많은 팔로워를 보유한 사람이다.

몇 개월 동안 그를 가까이에서 지켜보며 느낀 점은, 노력의 양이 남다르다는 것이다. 배움을 게을리 하지 않는다. 나도 꽤 많은 강의를 듣고 있고 또 강의를 하기도 하지만, 그는 내가 듣는 대부분의 강의를 나보다 먼저 듣고 있다. 내가 듣지 않은 강의까지도 그는 듣고 있었다. 평소에는 독서를 하고, 정원을 가꾸며, 집안일을 하면서도 자신의 삶을 돌본다. 시간이 부족할 것처럼 보이지만, 새벽 1시쯤이면 기공메자님은 항상 내 트위터에 댓글을 남긴다. 그의 그런 모습을 보며 내 노력의 양을 돌아보게 된다. 무엇이 그를 이렇게 열정적으로 살게 만들까?

때로는 이제 편안한 삶을 준비해도 되지 않을까 생각했다. 연금도 있고, 사회적 지위도 안정적이며, 국가를 위해 봉사한 시간에 대한 보상을 누릴 자격이 충분하기 때문이다. 하지만 그분은 달랐다. 그는 여전히 배움에 도전하고 있었고, 소통에도 적극적이다. 예순의 지혜와 젊은 세대의 세련됨을 모두 갖추고 있다. 특히 그분은 먼저 다가가 소통하는 것을 주저하지 않는다. 소방서장까지 지낸 그가, 책을 출간한 작가가, 나이 많은 어른이, 한

참 어린 사람들에게 배움을 청하고 존경을 표한다는 것은 놀랍기 그지없다. 그런 모습이 그분을 더 높게 만든다.

그분은 언젠가 나에게 이렇게 말했다. "나중에 내 텃밭을 북토크 장소로 만들고 싶다." 그분의 말속에는 또래의 예순들이 더 많은 독서와 글쓰기를 하길 바라는 마음이 담겨 있었다. 자신이 걸어온 길을 토대로 강의를 하며 새로운 출발을 하고 싶다는 의지도 느껴졌다. 나는 그의 계획이 충분히 실현 가능하다고 생각했다. 그리고 그 여정에서 내가 어떤 도움을 줄 수 있을지 고민해보고 싶어졌다.

누군가의 글을 보며 눈물이 뚝뚝 떨어진 적이 있는가? 너무 슬프고 감정이 북받쳐 더 이상 글을 읽지 못하겠다는 경험을 해본 적이 있는가? 누군가의 팬이 되는 이유는 다양하겠지만, 나는 한편의 글을 보며 팬이 되는 경험을 했다. 먹먹함이 가슴 가득 차오르다 못해 결국 터져버릴 것 같았다. 그 글을 도저히 한 번에 다 읽을 수 없었다. 세 번에 나눠서야 끝까지 읽을 수 있었다. 기공메자님의 대표글로 소개를 마무리 한다.

기공메자

제목 : 죽음을 당당히 바라보며 준비하는 엔딩노트를 시작합니다

오늘은 글을 쓰려니 조금 숙연해집니다. 무슨 글을 쓰려고 그렇게 폼을 잡나요? 유언장을 미리 써보려고 합니다. 이유가 있나요? 네. 지난 삶을 회고해 보면 나름 열심히 살았다고 생각합니다만, 다소 아쉬웠던 점들도 있는 것 같습니다. 그래서 앞으로는 좀 더 의미 있고 후회 없는 삶을 위해 유언장을 쓰고, 생을 마감하는 날까지 고쳐나가 보렵니다. 유언장의 주요 내용은 나의 삶에서 가장 행복했던 기억, 가장 슬펐던 기억, 가장 후회되었던 기억, 주변 사람들에게 또 어떤 모습으로 기억되고 싶은지, 그리고 마지막으로 아내와 아들에게 전하는 말 순으로, 남은 후반전 삶의 소중한 가치를 위한 나만의 유언장을 써보겠습니다.

가족, 나를 사랑하는 사람들 그리고 내가 사랑한 모든 사람들에게.

나는 살면서 가 볼 뻔했고 가 보지 못했던 곳으로 긴 여행을 떠나려고 합니다. 이전의 여행들과는 달리 아마 이 여행에서는 다시는 돌아오지 못할 겁니다. 나는 그곳에서 무엇이 나를 기다리고 있을지 두려운 마음보다는 설레는 마음으로, 호기심을 안고 큰 기대를 하며 즐거운 마음으로 떠나려 합니다. 가난한 광부의 아들로 태어났지만 유년과 학창 시절은 나름 성실하게 잘 지내왔습니다. 1980년 고등학교 시절점심 도시락을 옥수수밥으로 싸 가지고 간 적이 있었습니다. 당시 옆 짝이었던 ○○ 친구가 쌀밥하고 바꿔 먹자고 했던 게 기억이 납니다. 고마웠던 친구가 그립습니다. 여행 가기 전에 한 번 볼 수 있으려나 모르겠습니다.

저는 35년의 기나긴 소방관 생활 중 굴곡이 참 많았습니다. 소방사(9급/순경) 공무원부터 시작해 소방서장(4급 서기관/총경) 까지 올 수 있었던 것은 세 분의 멘토 덕분이었습니다. 여행 떠나기 전에 먼저 간다고 감사 인사를 전해 줘야 하는데 말입니다. 시간이 되는지 모르겠습니다. 저의 삶에 가장 아팠던 것은 소방관 시험 합격 후 임용 대기 중 연탄가스 중독사고, 신임 소방공무원 기본 교육 가던 중 빗길 차량 10m 계곡

추락사고, 뇌출혈과 선천성 뇌혈관 기형 등으로 머리를 열고
수술했던 경험 등 세 번 하늘나라 문턱까지 갔다 왔습니다.

저는 이제 깨달음을 얻은 것 같습니다. 건강하지 않다면 그
동안 쌓아 왔던 모든 것들이 무슨 의미가 있겠습니까? 일개
소방서장이 뭐 대단하고 중요하겠습니까? 치열하게 경쟁하
는 삶도 중요하지만 건강은 반드시 챙기시라고 말씀드리고
싶습니다. 사람의 가치는 바로 돈도 지위도 아닌 내가 갖고
있는 건강한 몸이라는 것을 잊지 마시기 바랍니다.

저의 엔딩노트를 사랑하는 온라인 이웃님 여러분께 보여줄
수 있음에 따뜻한 기쁨을 느낍니다. 이제 마지막 인사 차례
입니다. 사랑하는 아내와 아들에게 말입니다.

그 누구보다 피부가 곱고 예쁜 아내에게

'여보! 우리가 결혼한 지 벌써 27년이 되었네. 박봉의 소방
공무원인 나를 만나 푸른 꿈을 안고 13평짜리 아파트에서
신혼살림을 차렸지.' 당시 소방관들은 24시간 근무하고 24
시간 쉬는 근무체계였고 대형 산불 등으로 비상소집 근무가

많다 보니 소방서 생활이 절반 이상이었고 가족이 있는 집은 거의 하숙집이나 다름없었습니다

'1998년 8월, 우리 부부의 합작품인 아들이 태어났을 때가 가장 기뻤어. 출산하는 여보 옆에 같이 있어 주지 못해서 너무 미안했어. 그때는 직장 일이 뭐 그리 중요하다고 그랬는지 모르겠어. 또 하나, 젊은 시절 친구와 직장 동료들과의 술자리가 많아 늘 늦게 귀가해서 자기하고 많이 다퉜던 일들이 생각나네.' '역지사지라고 당시 자기 마음은 어땠을까 생각을 해 봤어. 나 같았으면 벌써 이혼하자고 했을 것 같아. 자기는 어린 아들 혼자 케어하며 그 속상함을 가슴속에 묻고 참아 줬지. 내가 왜 그랬을까? 반성을 많이 해. 사람이 좋아서, 술이 좋아서 둘 다인 것 같아.'

'여보! 내가 본부에서 근무할 때는 일에 미쳐 살았던 것 같아. 자기도 기억나지. 또 조직을 위한답시고 관계되는 사람과 술 마시는 날이 많았지. 일+술 덕분에 소방서장(4급 서기관)까지 승진은 할 수 있었는지 모르겠어. 그렇다고 나는 절대 인사·승진 청탁한 적은 없다는 거 자기도 알지. 혹시 이

웃님들께서 오해하실까 봐.'

'반면에 집은 하숙집이었고 우리 아들 커 가는 모습을 보지 못해 늘 미안했어. 그런 와중에도 자기는 인내하며 아들 케 어하고 남편 뒷바라지해 줬지. 자기의 고마움에 대해서는 일일이 말로 표현할 수가 없지.

마지막, 하나밖에 없는 귀엽고 사랑스러운 우리 아들에게

아들아! 아빠 이제 긴 여행 갈 시간이 다가왔어. 그동안 아빠 가 아들하고 많은 시간을 보내지 못해서 미안해. 아빠가 겉 으로 표현을 잘 못해도 아들 사랑하는 거 알지. 아들에게 미 안했던 일들은 앞서 엄마에게 이야기했던 부분이 있으니 읽 어 보렴. 우리 아들! 아직 공부하는 학생이지만 하나만 부탁 할게. 아빠는 아들을 믿으니까 아빠의 좌우명인 '해불양수' 와 '내일은 없다. 왜? 언제 죽을지 모르기 때문에… 오늘 최 선을 다하자.'라는 신념을 늘 생각하면서 살았으면 좋겠어. 2017년 2월 어느 날 ○○대학에 입학한 아들에게 써준 7장 분량의 아빠 편지가 있어서 읽어 봤는데 좀 뭉클하네.

아들! 아빠가 여행 간 다음 아빠 편지 다시 한 번 읽어 봐줘.
아빠가 아들을 사랑하는 마음이 듬뿍 담겨 있다는 거 알 수
있을 거야. 아빠는 전직 소방관이었지만 우여곡절 끝에 아
빠의 삶을 조명하는 인생 책인 수필집을 출간할 수 있게 되
었어. 역사에 내 이름자와 책을 남길 수 있어서 아내와 아들
그리고 도움 주신 모든 분들에게 감사를 해.

아들! 아빠가 떠난 다음 사람들에게 '우리 아빠는 글 쓰는
삶을 사시다가 다시는 돌아오지 못할 머나먼 여행을 가셨어
요.'라고 이야기해 주렴.

여보! 아들! 이제 떠날 시간이 된 것 같아. 나의 인생은 여보
와 아들 때문에 행복했고 여보와 아들 때문에 의미가 있었
고 여보와 아들 때문에 완벽하지는 않지만 완성되어 왔던
것 같아. 이제 새로운 세계로 떠나는 나의 여행을 즐거운 마
음으로 설레는 마음으로 가려고 해. 그곳도 역시 현생과 마
찬가지로 기쁨과 행복이 가득한 곳이겠지 뭐. 그러니 부디
나의 이 여행길을 축하해 주고 축복해 주면 고맙겠어. 여보!
아들! 그렇게 해 줄 수 있지. 내가 떠났다고 슬퍼하지 않을

4장

거지. 인간은 자연에서 왔고 죽으면 자연으로 돌아가는 거 알지.

저는 오늘 쓴 엔딩노트를 생이 다하는 날까지 수정, 보완해 가며 청년 기공메자의 인생 후반전이 좀 더 가치 있는 삶이 되도록 오늘 지금 이 순간 최선을 다할 것입니다.

5

예순, 새로운 도전을
시작하기 딱 좋은 나이

예순의 이웃들과 소통하며 강의를 진행했다. 내가 그분들께 배운 것은 삶의 여유와 농익은 세월의 지혜였다. 예순의 모습에서 배운 이 마음을 마흔이나 다른 세대에게도 전하고 싶었다. 예순의 도전이 마흔의 가슴도 뛰게 했고, 언젠가 나도 이런 예순을 맞이하길 바라게 되었다. 시행착오를 겪는 예순을 보며 넘어짐도 괜찮다는 여유를 배우고, 그들과 함께하며 깊어진 나의 깨달음을 전하고 싶었다.

다른 이들에게 이 마음을 나누는 첫 번째 방법은 이 책을 쓰는 것이었다. 글로 내가 받은 감동과 깨달음을 전하고자 했다. 책을 쓰면서 또 다른 아이디어가 떠올랐다. 바로 예순이 주인공이 되어 강의를 기획하는 일이었다. 마침 매달 한 번씩 온라인 초대 강의를 진행하고 있었고, 이번에는 특별히 예순 특집으로 기획하게 되었다. 예순의 글 친구에게 기획 의도를 전했고 그님님, 산소쌤님, 싱싱고님이 강의에 함께하기로 했다. 두 분의 예순과 한 분의 일흔, 그리고 내가 사회를 맡아 블로그 이웃들을 대상으로 그분들의 삶 이야기를 들을 기회를 마련했다. 말로 이야기하는 데 익숙지 않을 수도 있었지만, 그분들은 기꺼이 새로운 도전에 나섰다.

"어떤 이야기를 해 주면 좋을까요?"라는 질문에 나는 답했다. "거창할 필요는 없어요. 지나온 삶의 이야기만으로도 충분합니다. 30대, 40대, 50대에는 '조급하지 않아도 된다'는 마음을 전하고, 같은 예순과 일흔 세대에는 '그래, 나도 그랬지'라는 공감을 줄 수 있으면 좋겠어요. 실수해도 괜찮습니다. 이번이 처음이니까요. 도전하는 것 자체가 의미 있어요."

한 달 동안 세 분은 강의를 진지하게 준비하며 어떤 도움을 줄 수 있을지 고민했다. 나 또한 그 과정에서 많은 것을 느꼈다. 내 역할은 청중을 모으는 일이었다. 예순 세대와 나눈 마음을 나처럼 느낄 이들에게 이 강의를 알리고 함께할 사람들을 모았다. 마흔의 나이로 예순 세대와 소통하며 메시지를 전할 수 있는 일이라면 대한민국에서 내가 최고라 자부하며 초청 글을 작성했다.

성장 스킬을 알려주는 강의가 아니었기에 많은 인원이 오리라 기대하지 않았다. 다만 예순의 삶을 통해 나의 지금과 미래를 생각해볼 기회가 되길 바랐다. 다행히 우리의 진심이 잘 전달되었다. 누군가에게 도움이 되기를 바라는 마음으로 시작한 강의였다. 강의 제목은 '예순, 그 이후'로 정했다. 다음은 강의 모집 글의 일부이다.

"강의를 진행하시는 세 분에게는 새로운 경험이 되고, 강의를 듣는 분들에게는 자신의 시간을 되돌아보는 기회가 되길 바랍니다. 조금 더 유연하게 삶을 마주할 수 있는, 깊은 여운이 남는 시간이 되었으면 좋겠습니다. 그렇게 될 것입니다. 항상 좋았고, 이번에도 좋을 것이고, 이미 좋았음을 경험했습니다. 좋은 마음으로 강의를 준비하고, 좋은 마음으로 강의를 들을 준비를 하고 계시기 때문입니다."

강사 세 분은 각자 삶의 이야기를 들려주셨다. 경험이 빚어 낸 그 이야기들은 세월의 깊은 울림이 되어 다가왔다. 준비하는 동안 우리는 더욱 깊어졌다. 두 번의 리허설을 마친 후, 마침내 2024년 10월 24일 '예순, 그 이후' 강의가 열렸다. 총 75명이 참 여한 강의에서 준비한 모든 이야기를 나누었다. 강의가 끝난 후, 줌 화면에 남은 우리는 준비 과정을 되짚으며 웃었다. 그 속엔 감동과 아쉬움이 섞여 있었다. 강의의 아쉬움이 아니라, 한 달간 의 준비와 가까워진 마음에 대한 아쉬움이었다. 강의 후에는 많 은 후기가 올라왔다. 몇 가지를 소개한다.

"어디서도 들을 수 없는 강의였습니다.", "앞으로의 삶이 기대 됩니다. 지금을 더 열심히 살 수 있게 되었습니다.", "부모님을 다시 생각해 보게 되었어요.", "동시대를 살아가는 사람으로서 깊이 공감했습니다.", "진심이 전해지는 강의였습니다."

세 분은 예순과 일흔의 나이에 새로운 도전을 성공적으로 마쳤다. 대단한 명성을 얻거나 강의료를 받을 목적이 아니라, 그저 나누고자 하는 마음이 잘 전달된 것만으로도 충분했다. 세 분의 강의를 짧게 요약해본다. 역시 경험으로 전해지는 힘이 가장 강력하고 청중을 움직인다는 배움을 얻게 되었다.

그님

저는 어린이집 보육교사로 일하며 그 경험을 책으로 출판했습니다. 돌이켜 보면, 저를 지탱해 준 힘은 사람들의 칭찬이었습니다. 목 디스크로 인해 퇴직하게 되었고, 우울감을 느끼던 저에게 남편은 산책을 권했습니다. 산을 걸으며 떠오른 생각들을 글로 남기기 시작했고, 남편의 칭찬에 용기를 얻어 계속해서 글을 썼습니다. 삶 속에 세 번의 큰 수술을 겪으며 죽음을 가까이 생각하게 되기도 했지만, 다시 얻은 이 삶을 허투루 보내지 않기로 다짐했습니다. 글을 통해 가족에게, 또 다른 이웃들에게 전하고 싶은 마음으로 글쓰기를 이어가고 있습니다. 이제는 경험을 책으로 엮어 자비 출판까지 도전했습니다. 출판 과정은 남편의 지지가 없었다면 힘들었겠지만, 함께 하기에 가능했던 일이었습니다. 삶을 기록하고, 남겨 두는 일의 소중함을 느낍니다.

산소쌤

저는 40년 직장 생활 후, 퇴직을 하게 되었습니다. 퇴직 이후는 여유가 있을 것이라고 생각했지만 예상과 달리 편하지만은 않았습니다. 손주 다섯을 돌보며 바쁘게 지냈고, 블로그를 통해 사람들을 만나며 새로운 소통을 이어가고 있습니다. 삶에서 가장 중요한 것은 건강과 가족 관계, 그리고 자신의 가치발견입니다. 지금부터라도 노후를 대비해 건강을 챙기고, 가족과 진정성 있는 관계를 만들어야 한다고 생각합니다. 나이 들어보니 돈이 필요함도 실감하게 됩니다. 그래서 돈 공부 역시 중요하다고 생각합니다. 불안한 순간마다 '이 또한 지나가리라'는 마음으로 이겨낼 수 있었고, 지금은 오히려 그 경험을 통해 주체적인 삶의 중요성을 깨달았습니다. 자기 돌봄이 결국 타인에게 베푸는 삶의 출발점이라는 생각을 갖고, 자신을 위한 글쓰기를 통해 마음의 평온을 찾습니다. 부족함을 인정하고 현재에 감사할 때 비로소 모든 것이 족함을 깨달았습니다.

싱싱고

74세, 초등학교 교직에서 은퇴한 저는 손주 양육까지 마쳤습니다. 손주에게 부탁해 블로그를 시작했고, 은퇴 후 부부가 함께 웃으며 살아가는 지혜를 고민하고 나눕니다. 은퇴 후 부부가 더 행복하게 지내려면 세 가지 '3공'을 실천하라 권합니다. 첫째, 각자의 공간을 분리하라. 둘째, 서로의 이야기에 공감하라. 셋째, 작은 일에도 분노를 나누며 감정을 공유하라. 은퇴 후 함께하는 일상 속에서도 서로의 존중과 공감이 중요함을 깨달았습니다. 아침마다 거울을 보고 자신을 웃겨 주며, 상대에게 웃음을 전하는 연습을 합니다. 유머와 긍정이 나를 살리고 상대를 치유하는 방법이라는 걸 깨달았기에 이제는 웃음이 나의 일상이 되었습니다.

이 강의를 통해 세 분은 자신들의 삶에서 얻은 진심과 깨달음을 전해 주셨다. 그 진심은 청중에게도 온전히 전해졌고, 세 분의 경험과 지혜는 많은 사람들에게 새로운 시각과 삶의 동기를 부여했다. 그들이 만들어낸 이 여정은 단지 한 차례의 강의를 넘어선, 삶에 대한 새로운 도전이자 나눔의 장이었다.

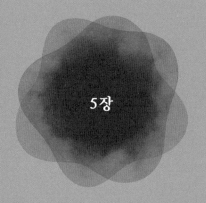

5장

세대를 잇는
대화

We write to taste life twice, in the moment and in retrospection.
우리는 삶을 두 번 맛보기 위해 글을 쓴다. 바로 현재와 회상 속에서.

— 아나이스 닌

마흔의 속도,
예순의 깊이

마흔과 예순은 같은 시간과 공간 속에 살아가지만, 서로 다른 속도로 다른 길을 걷는 세대다. 마흔은 지금 이 순간을 '가장 바쁘고 중요한 시기'로 느낀다. 가정과 직장에서의 책임이 절정을 이루는 나이이며, 자신을 둘러싼 모든 것이 빠르게 변하고 있음을 체감한다. 이 속도감과 함께 다가올 미래에 대한 불안 속에서 살아가는 것이 마흔의 현실이다.

반면 예순은 '변화와 함께 길을 찾아가는 시기'다. 직장에서 물러나거나 은퇴를 앞두고 새로운 역할을 고민하는 예순은 자녀들의 독립과 함께 가정에서의 역할도 변화한다. 이 과정에서 종종 자신이 설 자리를 잃은 듯 한 감정을 느낄 수 있다. 그러나 동시에 예순은 느린 걸음 속에서 삶의 의미를 새롭게 발견하기 시작한다.

이 두 세대는 서로 다른 세계를 살고 있다. 마흔은 시간을 따라잡으려 애쓰고, 예순은 시간을 더 깊이 받아들이려 한다. 그러나 이 차이는 단순히 나이 때문만은 아니다. 마흔과 예순이 살아온 환경, 시대적 배경, 그리고 기술의 변화는 두 세대의 가치관과 삶의 방식을 크게 달라지게 했다.

마흔은 인터넷과 스마트폰의 보급 속에서 성장했다. 반면 예순은 아날로그 세상에서 디지털로 넘어가는 변화를 직접 겪으며 적응해야 했다. 이러한 환경의 차이는 두 세대가 세상을 바라보는 방식에도 큰 영향을 미쳤다. 마흔은 현재의 속도에 익숙하다. 빠르게 변화하는 시대 속에서 경쟁력을 유지하기 위해 끊임없이 배우고 적응해야 한다. 마흔에게는 '지금 당장'이 무엇보다 중요하다. 그러나 이 과정에서 중요한 것을 놓칠 때가 많다. 더 나은 미래를 위해 현재를 소모하며 사는 경우가 많기 때문이다. '이 정도로 충분하다'는 마음의 여유보다는 '더 잘해야 한다'는 압박에 자신을 몰아넣는 경향이 크다. 그래서 마흔의 삶은 속도와 효율성, 그리고 성과 중심의 사고로 가득 차 있다.

반면 예순은 다른 질문을 던진다. '지금 이 선택이 나에게 이로운가?' 변화의 속도가 두려울 때도 있지만, 그들은 한 걸음 물러서서 자신을 관찰한다. 오랜 경험 속에서 '모든 것은 지나간다'는 사실을 몸으로 익혔기 때문이다. 예순은 물리적인 나이는 들었지만, 마음과 정신에서는 여전히 젊음을 유지하려고 한다. 느리게 걷는 동안 그들은 과거의 기억과 현재의 경험을 연결하며 삶의 궤적을 돌아본다.

이렇게 서로 다른 속도를 가진 두 세대가 마주하면 충돌이 생기기도 한다. 마흔은 예순이 지나치게 느리다고 느낄 수 있다. 기술 사용이나 의사결정에서 빠르게 반응하지 못하는 예순을 보며 답답함을 느끼기도 한다. 반대로 예순은 마흔이 지나치게 조급하다고 생각한다. 더 여유를 가지라고 충고하지만, 마흔은 이를 받아들이기 어렵다. 마흔에게 여유란 곧 뒤처짐처럼 느껴질 때가 많기 때문이다. 그러나 서로의 세계를 조금만 더 깊이

5장

들여다보면, 배울 것이 넘쳐난다. 마흔은 예순의 느린 걸음에서 여유와 성찰을 배울 수 있다. 조급함 속에서 스스로를 잃어가던 마흔은 예순이 보여주는 삶의 균형을 통해 자기만의 속도를 찾는 법을 배운다. 반대로 예순은 마흔의 열정과 끈기에서 새로운 도전을 시작할 용기를 얻는다. '늦었다고 생각할 때가 가장 빠른 때'라는 말처럼, 예순도 여전히 배울 수 있고 새롭게 시작할 수 있다는 희망을 얻는다.

결국, 마흔과 예순은 서로의 세계를 이해할 때 비로소 진정한 대화를 시작할 수 있다. 마흔이 예순에게서 삶의 깊이를 배우고, 예순이 마흔에게서 새로운 가능성을 발견한다면, 그 만남은 단순한 세대 간의 연결을 넘어 서로의 인생을 풍요롭게 만드는 경험이 될 것이다.

글을 쓰며 만나는 예순과 마흔은 서로 다른 시간의 강을 건너왔지만, 글을 통해 공감대를 형성하고 서로의 지혜를 주고받는다. 글은 두 세대의 경계를 넘어 모든 세대가 서로를 이해하고 알아갈 수 있는 새로운 가능성을 열어 준다. 무엇을 통해서 가능한가? 바로 글쓰기다. 글쓰기는 돈이 들지 않는다. 육체적인 노동이 따르지도 않는다. 누구나 시작할 수 있다. 과거에는 글을 쓰는 사람이 대단해 보였다. 글은 특별한 사람들만의 영역처럼 느껴졌다. 하지만 이제는 시대가 바뀌었다. 대단해서 글을 쓰는 게 아니라, 글을 쓰면서 나아가는 내가 대단해 보이는 것이다. 글쓰기란 바로 그런 것이다. 하는 사람이 대단한 것이다.

글쓰기는 거창할 필요가 없다. 긴 수식어도, 화려한 표현도 필요 없다. 글쓰기에 필요한 것은 단지 눈과 손, 생각과 마음뿐이다. 이것만 있다면 누구나 시작할 수 있다. 글은 나를 돌아보고, 내 속에 잠들어 있던 감정과 기억을 깨우며 나를 성장시킨다. 또한, 세대를 넘어 다른 사람들과 공감하며 이야기를 나누는 다리가 되어 준다. 글쓰기는 앞으로 긴 시간 동안 우리를 지탱해 줄 중요한 자산을 만드는 일이다. 예순과 마흔이 서로의 지혜를 공유하며 새로운 가능성을 발견하는 것처럼, 글쓰기를 통해 우리는 각자의 삶을 더 풍요롭게 만들 수 있다. 글쓰기란 곧 내 삶을 기록하고, 내 이야기를 나누며, 나 자신을 성장시키는 일이다. 그것이야말로 모든 세대를 잇는 가장 아름다운 연결의 방식이다.

5장

놓친 시간,
그러나 늦지 않은 시작

살다 보면 누구나 한 번쯤 자신의 삶을 돌아보며 후회에 빠진다. 나도 그랬다. '책을 더 일찍 읽기 시작했더라면 어땠을까?', '블로그를 조금만 더 빨리 시작했더라면 좋았을 텐데.' 20대와 30대에는 충분한 시간이 있었지만, 그 시절에는 그 시간이 얼마나 소중한지 알지 못했다. 스스로도 모르는 사이에 '다음에 하자'라는 핑계로 미뤘던 일들이 쌓였고, 지나간 시간은 되돌릴 수 없는 아쉬움으로 남았다.

그렇게 놓친 시간들을 떠올릴 때마다 나에게 묻는다. '지금 시작하기엔 너무 늦은 것은 아닐까?' 새로운 시도를 두려워하며 과거에 머무르려 할 때, 후회는 자신감을 무너뜨리고 행동을 멈추게 만든다. 더 나은 자신이 되기를 바랐지만, 현실의 무게와 지나간 선택의 결과가 나를 옭아매는 것만 같다. 후회는 스스로를 돌아보게 만들지만, 동시에 나아가야 할 방향을 보지 못하게 만든다. 후회의 감정은 자주 '놓쳐버렸다'는 무력감을 동반한다. 그것은 마치 문을 닫아걸고, 다시는 열리지 않을 것 같은 불안으로 이어진다. 하지만 예순의 삶은 나에게 다른 시선을 제시한다.

예순 역시 지나간 시간에 대한 아쉬움이 없는 것은 아니었다. '내가 책을 조금만 더 일찍 읽기 시작했더라면', '내가 더 빨리 도전했더라면' 하는 생각은 예순의 마음속에서도 자주 떠올랐다. 하지만 예순은 시간을 거슬러 올라가는 대신, 후회의 감정과 함께 살아가며 그것을 새로운 에너지로 전환하는 방법을 배웠다. 예순은 알고 있었다. '후회 속에서 머무르는 것은 어떤 변화도 가져오지 않는다.' 그것은 단지 지나간 시간 속에서 자신을 잃어가는 것일 뿐이다. 후회를 넘어서는 길은 지금 내가 무엇을 할 수 있는지 묻는 것에서 시작된다.

예순은 정년퇴임 후에도 새로운 배움을 시작하고, 이를 통해 삶의 활력을 되찾았다. 블로그를 시작하며 글쓰기를 통해 자신의 이야기를 세상과 나누었다. 처음에는 어렵게 느껴졌던 도전이었지만, 그 속에서 배움의 즐거움을 발견했다. 나이는 더 이상 장애물이 아니었다. 오히려 나이를 통해 얻은 경험과 통찰력이 글의 깊이를 더해 주었다. 예순의 삶을 보며 나는 중요한 진리를 깨달았다. '나이는 단지 숫자일 뿐이다. 그 숫자에 어떤 의미를 부여할지는 오직 나 자신에게 달려 있다.' 후회는 누구에게나 있다. 하지만 그 후회를 어떻게 받아들이고, 그것을 행동으로 옮길지에 따라 우리의 삶은 달라질 수 있다. 나는 예순의 경험에서 용기를 얻는다. 예순은 자신의 이야기를 글로 쓰며, 놓친 시간에 대한 후회마저도 삶의 중요한 재료로 삼았다. '지나간 시간을 탓하는 대신, 지금부터 내가 무엇을 할 수 있을지를 생각하는 것이 더 낫지 않겠나?' 마치 이렇게 말하는 듯 했다.

　후회를 새로운 에너지로 전환하기 위해 필요한 것은 작은 한 걸음이다. 예순은 블로그를 시작하며 새로운 도전을 이어갔다. 그 과정에서 그는 배움의 기쁨을 되찾았고, 자신의 이야기를 정리하며 스스로에게 새로운 의미를 부여했다. '사람은 누구나 자신이 부여한 의미 속에서 살아간다. 중요한 것은 다른 누구와의 싸움이 아니라, 어제보다 나은 나를 만드는 싸움이다.' 예순의 삶은 이 문장의 진리를 증명한다. 그는 더 이상 과거를 돌아보며 아쉬움에 머무르지 않고, 남은 시간을 활용해 새로운 자신을 만들어갔다. 늦었다고 생각했던 도전 속에서 그는 배움의 즐거움과 자기 성취감을 발견했다.

예순의 이야기는 나에게 큰 용기를 준다. 과거에 머무르며 아쉬움을 곱씹는 것은 스스로를 멈추게 하지만, 후회를 넘어 행동으로 옮기면 늦은 시작이란 없다는 사실을 알게 한다. 마흔의 나에게 주어진 시간은 여전히 충분하다. 중요한 것은 지금 시작하는 것이다. 후회 속에서 배우고, 작은 한 걸음이라도 내딛는 순간, 변화는 시작된다. '늦었다고 생각하는 순간이 가장 빠른 때'라는 말은 단순한 격언이 아니다. 그것은 예순의 삶이 보여준 진리다. 후회는 우리를 멈추게 하거나, 새로운 길로 나아가게 할 기회가 될 수 있다. 중요한 것은 내가 지금 어떤 선택을 하느냐.

예순의 이야기는 내게 다음과 같은 메시지를 전한다. '지금 바로 시작할 수 있는 일을 찾아라. 그 일이 아무리 작아 보여도,

그 한 걸음이 네 삶을 바꿀 수 있다.' 이제 나는 내가 했던 후회를, 내 길을 다시 설계하는 도구로 삼으려 한다. 후회는 더 나은 선택을 할 기회를 준다. 그것을 행동으로 이어갈 용기가 있다면, 새로운 시작은 결코 늦지 않다. 후회는 끝이 아니라, 새로운 가능성의 시작이다.

3

다름에서 시작되는 이해

마흔과 예순은 서로 다른 방식으로 세상을 살아간다. 이 차이는 단순히 나이에서 오는 것이 아니라, 각 세대가 겪어온 삶의 환경과 경험에서 비롯된다. 서로가 살아온 배경과 시대는 다르기에, 두 세대가 세상을 이해하고 받아들이는 방식 또한 차이를 보일 수밖에 없다. 하지만 이 다름을 이해하지 못할 때, 서로의 세계는 더욱 멀게 느껴진다.

예순의 시선에서 본 마흔

예순에게 마흔은 끊임없이 바쁘고, 가끔은 조급해 보이는 세대다. 모든 일을 빠르게 처리하고 효율적으로 해내려는 모습은 존경스럽기도 하지만, 동시에 안쓰럽게 느껴지기도 한다. 예순은 마흔에게 이렇게 말하고 싶다. '잠시 멈추고, 지금까지 걸어온 길을 돌아봐도 괜찮아. 빠르게 간다고 해서 더 많은 것을 얻는 건 아니야.' 그러나 이런 조언은 쉽게 전달되지 않는다. 예순의 충고는 종종 '꼰대의 잔소리'로 받아들여지기 때문이다. 예순은 자신이 고리타분하게 여겨질까 봐 조언을 삼가며, 조심스럽게 마흔의 마음을 헤아린다. 하지만 글 속에서 만난 현명한 예순은 다르다. 자신의 마흔을 예로 들어 이야기를 전한다.

'마흔의 저는 이런 이유로 힘들었지요. 지나고 나서 보면, 그땐 왜 그렇게 서둘렀나 싶어요. 지금의 마흔은, 그러지 않았으면 좋겠어요.' 이런 글은 말보다 훨씬 부드럽게 다가간다. 글 속에서 예순은 말을 아끼며 많은 것을 생략하지만, 하고 싶은 말은 충분히 전달된다. 글은 마흔이 더 쉽게 받아들일 수 있도록, 예순의 지혜를 부드럽게 풀어놓는다.

마흔의 시선에서 본 예순

반대로, 마흔에게 예순은 종종 변화에 둔감하고 과거에 머물러 있는 세대처럼 보일 수 있다. '이런 걸 배워서 뭐해?'라며 새로움을 거부하거나, '우리 때는 이랬다'는 이야기를 할 때, 마흔은 답답함을 느낀다. '왜 저렇게 변화를 두려워할까? 조금만 더 배우려는 노력을 하면 훨씬 많은 기회를 잡을 텐데.'

마흔도 변화가 두렵다. 하지만 예순의 두려움을 보며, 마흔은 알 수 없는 안도감과 답답함을 동시에 느낀다. 자신은 여전히 변화에 맞서 싸우고 있다는 안도감, 그러나 변화를 거부하는 예순의 모습에서 발견하는 한계 때문이다. 하지만 글 속에서 만난 예순은 다르다. 글 속의 예순은 작은 배움을 통해 성장하려는 모습을 보여준다. '내가 젊었을 때는 이런 건 없었지만, 지금은 배우면서 다르게 생각하려 해요.'라는 문장은 예순이 새로운 가능성을 받아들이기 시작했음을 보여준다. 마흔은 그런 글을 읽으며, 예순의 변화 가능성을 믿게 된다.

다름을 받아들이는 과정

이 차이를 바라보는 시선은 대화를 통해, 그리고 글쓰기를 통해 바뀔 수 있다. 다름은 이해의 시작점이 될 수 있기 때문이다. 예순이 마흔의 이야기를 경청하며 '나는 몰랐던 세상이구나'라는 태도로 접근할 때, 대화의 문은 열린다. 예를 들어, 마흔이 스마트폰이나 디지털 기기의 기능을 설명하며 새로운 기술을 소개할 때, 예순이 그 과정을 흥미롭게 바라보고 배우려는 태도를 보인다면, 마흔은 '내가 알고 있는 것을 나눌 수 있다'는 보람을 느낀다. 반대로, 마흔은 예순에게서 삶의 균형을 배우기 시작한다. 예순이 '성공은 꼭 빠르게 달리는 사람만의 것이 아니야'라며 자신이 겪었던 느린 성취의 이야기를 들려줄 때, 마흔은 조급했던 마음을 내려놓고 새로운 시선을 가지게 된다. 이 과정에서 글쓰기가 중요한 역할을 한다. 글은 단순한 조언보다 훨씬 정제되고 배려 깊은 표현을 가능하게 한다. 글 속에서, 예순은 자신의 경험을 진솔하게 털어놓으며, 마흔의 마음에 닿는 이야기를 한다. 반대로, 마흔은 글을 통해 자신의 고민과 열정을 공유하며, 예순의 공감을 이끌어낸다.

다름이 만들어내는 공감의 순간

다름을 이해하려는 순간은 일상의 소소한 장면 속에서 찾아온다. 예순은 글을 쓰며 소통하는 과정을 즐기기 시작한다. 이는 누군가의 지시가 아니라, 스스로 더 잘하고 싶어지는 마음에서 비롯된다. 그 과정을 통해 예순은 점점 더 수용적이고 열린 사람이 되어간다. 반대로, 마흔은 중요한 결정을 앞두고 현실의 벽에 부딪힐 때, 예순의 경험에서 위로를 받는다. 예순은 '내 경험도 여전히 유효하다'는 기쁨을 느끼며, 자신의 이야기가 마흔에게 가닿는 순가를 통해 자신감을 되찾는다. 다름은 갈등의 원인이 아니라, 대화와 공감의 출발점이 될 수 있다. 중요한 것은 서로의 이야기를 끝까지 들어보려는 태도다. 다름을 넘어설 수 있는 첫걸음은 '내가 몰랐던 부분을 배우겠다'는 마음에서 시작된다.

마흔과 예순의 대화를 보며, 전 세대를 아우를 수 있는 공감의 방법이 있다는 것을 알게 된다. 그것은 바로 글쓰기다. 글은 세대 간의 벽을 허물고, 선입견을 내려놓게 한다. 글 속에서 만나는 사람들에게 우리는 나이를 묻지 않는다. 한 편의 글을 읽고 난 뒤에야 깨닫는다. '아, 이 글을 쓴 사람이 마흔이었구나.' 혹은, '예순의 마음으로 쓴 글이었구나.'

글은 마치 투명한 창과도 같다. 글을 통해 만난 사람들에게 우리는 나이를 붙이지 않는다. 그 안에는 누군가의 진심, 누군가의 경험이 있을 뿐이다. 글을 읽는 순간, 우리는 나이를 기준으로 상대를 판단하지 않고, 그 글이 전하는 이야기에 온전히 마음을 열게 된다. 그 순간, 마음속의 저항이 걷히고, 세대를 뛰어넘

5장

는 공감이 시작된다. 글 속에서는 나이에 얽매이지 않는다. 글을 쓴 사람이 마흔인지 예순인지 알기 전에, 우리는 이미 그 이야기에 공감하고 있다. 그 글이 전하는 감정과 경험이 우리의 마음을 두드리기 때문이다.

글을 읽으며, 우리는 마치 다섯 살 어린아이의 마음처럼, 한 번도 본 적 없는 사람의 이야기를 있는 그대로 받아들인다. 아이들은 새로운 이야기를 들을 때, '이 이야기를 한 사람이 몇 살일까?'라거나 '이 사람이 어떤 배경을 가졌을까?'를 따지지 않는다. 그저 이야기를 이야기로 받아들이고, 거기서 느껴지는 감정에 순수하게 반응할 뿐이다. 그 순간, 글을 쓴 사람의 나이는 더 이상 중요하지 않다. 서른의 마음으로 쓴 글이든, 예순의 기억에서 풀어낸 이야기든, 글 속에 담긴 삶의 진솔함은 모든 세대를 초월한다. 우리는 글 속에서 나이를 잊는다. 오직 글이 품고 있는 진심과 이야기가 우리를 움직이게 한다.

글은 세대라는 잣대를 내려놓게 만들고, 사람의 이야기를 있는 그대로 받아들이게 한다. 그리고 깨닫는다. 글을 통해 만난 세대는 열린 마음으로 공감할 수 있는 세대라는 것을. 글 속에서 우리는 예순의 느림이 왜 필요한지 이해하게 되고, 서른의 열정이 왜 소중한지 알게 된다. 마흔의 고민이 현실의 무게 속에서 얼마나 큰 것인지 공감하게 되고, 일흔의 여유가 얼마나 깊은 깨달음을 주는지도 느끼게 된다.

글쓰기는 단순히 세대를 이어주는 다리가 아니다. 그것은 세대 간의 편견을 지우고, 모든 세대가 함께 나아갈 수 있는 열린 공간을 만들어 준다. 글쓰기는 서로를 이해하게 하고, 마음과 마음이 연결되게 하는 가장 투명한 도구다.

천천히 걸으며 바라보는
예순의 시선

예순은 빠르게 흘러가는 세상 속에서도 천천히 걸을 줄 안다. 그러나 이 느림은 단순히 속도의 문제가 아니다. 그것은 세상을 더 깊이 바라보고, 지나온 시간을 돌아보며, 앞으로의 길을 준비하는 삶의 태도다. 예순의 걸음 속에는 긴 세월 동안 쌓아온 경험과 지혜가 스며있다.

속도를 내려놓는 용기

예순은 더 이상 속도를 내기 위해 애쓰지 않는다. 세상이 아무리 빠르게 돌아가도, 모든 것을 쫓아갈 필요는 없다는 것을 알고 있다. 예순은 오랜 삶의 굽이굽이를 지나며 깨달았다. '모든 것은 제때 이루어진다.' 화분을 가꾸는 예순의 모습을 떠올려 보자. 씨앗을 심고 나서 초조해하지 않는다. 물을 주고 햇볕을 기다리며, 싹이 트고 꽃이 필 때까지의 과정을 천천히 지켜본다. 과정 그 자체를 즐길 줄 아는 태도, 이것이 바로 예순이 삶에서 얻은 여유다. 젊은 시절의 예순은 마흔과 다르지 않았다. 모든 일을 빨리 끝내야 한다는 압박 속에서 살았다. 하지만 이제는 안다. 결과가 아니라 과정 속에서 진정한 기쁨이 있다는 것을. '서두르지 않아도 괜찮아요. 길은 어디 가지 않아요. 중요한 건 내가 걷는 길이 다른 사람의 것이 아닌, 나만의 길인지 확인하는 거예요.' 예순이, 마흔에게 말했다.

작은 것에서 발견하는 큰 의미

예순의 걸음은 단순히 속도를 늦추는 것이 아니다. 그것은 삶의 디테일을 바라보는 능력을 키운다. 예순은 지나치기 쉬운 사소한 순간 속에서 큰 의미를 발견한다. 여름날 손주와 함께 계곡에서 물고기를 잡는 예순의 모습을 본적이 있다. 손주는 작은 숨소리로 물고기에 집중하고, 예순은 그런 손주를 흐뭇한 시선으로 지켜본다. 그러면서 손주에게 조언한다. "물고기를 잡으려면 물살을 잘 보아야 해. 조급히 손을 움직이면 물고기는 도망가 버리거든." 예순은 자신이 직접 물고기를 잡아주는 대신, 손주가 그 과정을 즐기게 만든다. 어렵게 물고기 한 마리를 잡은 손주에게 예순은 말한다. "네가 해냈구나. 정말 장하다. 내 손주." 문득 떠오른 이 장면은, 마흔에게도 중요한 메시지를 전한다. 결과만을 쫓다 놓치기 쉬운 과정의 즐거움, 작은 기쁨들을 예순은 알고 있다. 그 느림 속에서 삶의 소중한 순간을 놓치지 않는 법을 예순은 마흔에게 가르친다.

과거를 돌아보고 미래를 준비하며

예순의 느림은 단지 현재에 머무르는 것이 아니다. 그것은 과거를 돌아보며 미래를 준비하는 시선이다. '내가 마흔이었을 땐 모든 걸 빨리 끝내야 할 것 같았어. 그런데 지금 보니, 조금 더 천천히 걸어도 충분했더라.' 예순은 자신의 이야기를 통해 마흔에게 말을 건넨다. 그것은 비난이나 훈계가 아니다. 자신이 지나온 길에서 얻은 깨달음을 나누며, 마흔이 더 나은 선택을 할 수 있도록 돕는 것이다. 예순의 시선은 후회와 반성보다 깨달음과 배움으로 가득 차 있다. 느리게 걸으며 돌아보는 예순의 시선은 남은 시간을 어떻게 활용할지에 대한 통찰로 이어진다. 예순은 더 나아가, 자신이 놓친 것들을 받아들이고, 새롭게 만들어갈 미래를 준비한다. 예순의 느림은 자신을 돌아보게 한다. 과거의 선택을 다시 떠올리고, 자신에게 하지 못했던 말들과 가족들에게 전하지 못한 마음들이 다시금 생각난다. 그러나 예순은 후회 대신 감사의 마음을 품는다. '그때 다 하지 못했어도, 지금 이렇게 돌아볼 수 있어서 다행이다.' 예순은 자신이 놓친 것들을 받아들이고, 새로운 길을 모색한다. 느리게 걸으며 자신과 대화하고, 자신이 진정으로 원하는 삶을 다시 설계한다.

예순의 여유가 마흔에게 주는 선물

예순의 여유는 마흔에게 특별한 선물을 준다. 그것은 삶의 속도를 조정하는 법이다. 마흔은 예순의 이야기를 들으며 깨닫는다. '빨리 가는 것이 항상 좋은 것은 아니구나. 내가 가는 길을 돌아보며, 내가 진정 원하는 방향을 찾아야겠구나.' 예순은 마흔에게 여유와 균형을 알려준다. 느리게 걷는다고 해서 멈추는 것이 아니라는 것을, 오히려 그 속에서 더 넓고 깊은 시야를 얻을 수 있다는 것을 알려준다. 예순의 시선은 단순히 과거를 향하지 않는다. 그것은 현재를 깊이 바라보고, 미래를 준비하는 시선이다. 예순의 느림 속에서 발견되는 삶의 진정한 의미는 마흔에게

5장

도, 서른에게도, 그리고 예순 자신에게도 지혜의 원천이 된다. 천천히 걷는 걸음 속에서, 예순은 삶의 본질을 발견하고, 그 지혜를 다른 세대에 나눈다. 이것이 예순이 전하는 가장 큰 선물이다. 천천히 걸으며 바라보는 예순의 시선은, 삶이 서두르지 않아도 충분히 아름답다는 것을 우리 모두를 일깨운다.

5

세대를 잇는 매개체 : 글쓰기

우리는 모두 각자의 시간을 살아간다. 한 세대가 지나고, 그 뒤를 따라 새로운 세대가 등장한다. 그 흐름 속에서 서로 다른 세대는 서로 다른 방식으로 세상을 이해하고 경험한다. 이러한 차이를 좁히고, 서로를 이어주는 강력한 매개체가 있다면, 그것은 바로 글쓰기를 통한 내 이야기다.

서른도, 쉰도, 일흔도, 여든도 글쓰기를 통해 길을 찾는다. 서른은 글을 쓰며 아직 명확하지 않은 미래를 설계한다. 쉰은 자신의 이야기를 되짚으며, 앞선 세대의 조언과 자신의 경험을 바탕으로 삶을 정비한다. 일흔과 여든은 글을 통해 자신이 살아온 삶의 궤적을 정리하고, 그 안에 담긴 지혜를 다른 세대와 나눈다. 글쓰기는 모든 세대가 자신만의 질문을 던지고 답을 찾는 과정을 돕는 도구다.

글은 나이와 상관없이 모든 세대가 내면으로 들어가 스스로에게 중요한 질문을 던지게 만든다. 그것은 각자의 이야기가 다른 세대와 연결될 수 있도록 하고, 세대를 잇는 다리가 된다. '나는 어디로 가고 있는가?'라는 질문은, 글쓰기를 통해 '이제 어디로 가야 하는가?'라는 답으로 이어진다. 글쓰기의 힘은 여기서 끝나지 않는다. 개인의 이야기는 다른 사람과 공유되는 순간, 공감과 이해를 불러일으킨다. 글은 한 사람의 경험을 다른 사람의 경험으로 확장시키며, 세대 간의 연결고리가 된다.

마흔의 삶에 대한 고민을 담은 글이 예순의 공감을 불러일으킬 수 있다. '내가 그 나이였을 때 나도 그랬지'라는 생각으로 이어지고, 이는 대화로 발전한다. 반대로, 예순이 자신의 느림과 배움에 대해 쓴 글은 마흔에게 새로운 시선을 열어줄 수 있다. '나도 언젠가 그렇게 살고 싶다'는 꿈을 심어준다. 글은 이렇게 세대 간의 소통을 이끌어내며, 서로 다른 두 세상을 연결한다. 글쓰기의 또 다른 힘은 개인의 이야기가 공동의 경험으로 확장되는 순간에 있다. 한 사람이 자신의 고통, 기쁨, 성찰을 글로 적어내면, 그것은 단순히 그 개인의 이야기에 머무르지 않는다. 그 글을 읽는 사람들은 각자의 경험을 떠올리며 공감하고, 같은 감정을 공유한다.

예순이 자신의 글에서 '나는 나이가 들어 새로운 배움에 도전할 용기가 필요했다'고 고백할 때, 그것은 마흔이나 서른에게 깨달음의 메시지가 된다. 나이의 차이를 넘어, 사람들은 새로운 도전을 향한 두려움과 그 두려움을 이겨낸 성취감을 함께 느낀다.

이렇게 글을 통해 만들어지는 공감은 개인의 경험을 세대와 세대가 공유하는 공동의 이야기로 바꾼다. 마흔의 이야기가 예순에게, 예순의 이야기가 마흔에게 전해지며, 각자의 이야기는 연결되고 확장된다. 공감은 대화를 낳고, 대화는 새로운 이야기를 만들어낸다. 한 세대의 경험은 다른 세대에게 가르침이 되고, 또 다른 세대의 영감이 된다. 예순은 글을 통해 자신이 걸어온 이야기를 마흔에게 들려주고, 그 길에서 배운 깨달음을 공유

5장

한다. 반대로, 마흔은 나의 현재를 예순과 공유하며, 지금의 세상이 어떻게 달라졌는지를 보여준다. 이 과정에서 세대 간의 대화는 단순히 과거를 이해하거나 미래를 상상하는 데 그치지 않는다. 그것은 서로의 시선을 빌려 세상을 더 넓고 깊게 바라보는 경험을 제공한다. 글과 이야기는 세대 간의 차이를 넘어서 공감의 이야기를 만들어내며, 함께 나아갈 수 있는 길을 제시한다.

글쓰기는 단순히 소통에서 멈추지 않는다. 그것은 서로 다른 세대를 연결하고, 협력을 통해 더 나은 공동체를 이루는 강력한 기반이 된다. 특히 글은 오프라인에서의 만남보다 더 깊고 강력한 연결을 만들어낸다. 그 이유는 바로 글이라는 공감의 매개체가 있기 때문이다. 오프라인에서의 대화는 순간의 감정과 상황에 영향을 받기 쉽지만, 글은 한 사람의 생각과 감정을 깊이 숙고하여 전달한다. 글 속에서는 나이와 세대의 경계를 넘어, 삶의 본질적인 경험에 대한 이야기가 전해진다. 읽고 쓰는 과정을 통해 우리는 서로를 더 진솔하게 이해하고, 편견과 오해를 허물 수 있다.

글은 단순한 기록이 아니라, 서로를 연결하고 함께 성장하게 만드는 공감의 도구다. 이를 통해 형성된 공동체는 단순한 만남보다 더 지속적이고 강력하다. 글쓰기는 세대를 잇는 다리가 되어, 서로의 이야기를 공감과 도움의 힘으로 확장시킨다.

예순의 느림은 마흔의 속도를 다독이고, 마흔의 열정은 예순의 여유 속에서 새로운 가능성을 찾는다. 이처럼 세대 간의 협력은 서로의 삶을 더 풍요롭게 만드는 힘이 된다. 하지만 세대 간의 협력이 이루어지기 위해서는 서로의 차이를 인정하는 태도가 필요하다. 마흔은 예순의 느림을 단순히 변화에 뒤처진 모습으로 여기지 않고, 그 느림 속에 담긴 지혜를 발견해야 한다. 예순은 마흔의 조급함을 비난하기보다는, 그 열정이 만들어낼 가능성을 이해해야 한다.

차이를 인정한다는 것은 단순히 받아들이는 데 그치지 않는다. 그것은 서로 다른 삶의 방식을 존중하며, 함께 살아가는 방법을 모색하는 과정이다. 이 과정은 대화를 통해 이루어지며, 글과 이야기는 그 대화를 이어가는 도구가 된다. 결국, 블로그를 통한 글쓰기는 세대 간의 대화를 이끌어 낸다. 예순은 마흔에게 균형을 가르치고, 마흔은 예순에게 방향을 제시한다. 세대는 이렇게 서로의 이야기를 통해 연결되며, 각자의 시선이 하나로 모여 더 넓고 풍요로운 공동체를 만든다. 글은 세대를 잇는 다리가 되고, 이야기는 서로를 이해하는 문을 연다. 그리고 그 다리와 문을 통해, 우리는 더 나은 내일로 나아갈 수 있다. 세대 간의 차이는 갈등의 원인이 아니라, 함께 배우고 성장할 수 있는 기회다. 글을 통해 만들어지는 세대의 대화는 더 큰 공감과 협력의 가능성을 열어준다. 이것이 바로 세대를 잇는 글쓰기와 이야기가 우리에게 줄 수 있는 가장 큰 선물이다.

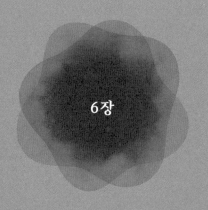

6장

그 나이를 지나지 않아도
알 수 있는 것들

나이대별
인생의 특징

The past lives in memory, the future in expectation.
The present is what we create.
과거는 기억 속에 살고, 미래는 기대 속에 있다. 현재는 우리가 만들어 가는 것이다.
— 헨리 제임스

지나온 나이는 기억을 더듬으면 떠올려 볼 수 있다. 스치는 장면들이 있으면 조금 더 구체적으로 그려볼 수 있다. 장면이 떠오르면 표정이 보이고, 말소리가 들려온다. 그 장면을 글로 기록하면 비로소 온전히 내 것이 된다. 아직 오지 않은 미래는 추측할 수밖에 없지만, 현재의 환경을 통해 미래를 비춰볼 수 있다. 고전을 통해 미래를 예측하듯, 나는 블로그 글쓰기를 통해 나의 예순을 그려볼 수 있었다. 뿐만 아니라, 같은 세대를 살아가는

40대부터 70대까지의 삶을 모두 볼 수 있었다.

　현실에서 만난 그 세대의 삶은 고단했고, 지친 얼굴이 떠오르기도 한다. 하지만 글 속에서 만난 그들의 삶은 달랐다. 그들은 배움에 대한 갈망을 품었고, 더 성장하고 싶어 했으며, 때로는 쉬어가도 괜찮다고 스스로를 다독였다. 나는 글 속에서 내 동년배와 앞선 세대의 삶에서 공통점을 찾아보고자 했다. 다시 말하지만, 이것은 현실의 삶이 아니라, 글 속에서 만난 글 친구들의 이야기다.

40대
　40대는 직장 생활을 하며 자투리 시간을 활용해 자기 개발에 힘썼다. 글쓰기를 하며 투자도 병행하고, 육아를 함께하는 경우도 많았다. 그들은 꿈과 현실의 간극을 줄여가며 자신이 원하는 삶으로 나아갔다. 때로는 과감한 결단을 내리기도 했다. 스스로를 절벽으로 몰아넣고, 한계를 넘어서 성장해나가는 경우도 있었다. 정답은 없다. 균형을 지키며 삶을 이어가는 것이 필요하다고 말하는 사람도 있고, 자기 개발에 몰두하지 않으면 결국 끌려가는 삶을 살게 된다고 경고하는 사람도 있다. 무엇이 정답인지는 예순에 이르게 되면 알 수 있다. 우리는 흔히 다른 사람의 절정과 나의 밑바닥을 비교하며 스스로를 불행하게 만든다. 40대는 이런 시행착오를 반복하면서 여전히 성장에 꿈틀거리는 시기였다.

50대

글 속에서 만난 50대는 40대보다 조금 더 치열하게 살고 있었다. 자녀들이 성장하면서 이제는 부모의 손길이 필요하지 않게 되었고, 경제적인 지원이 주된 역할이 되었다. 이 시기에는 '나는 지금 어디에 있는가?'라는 질문을 스스로에게 던지기 시작한다. 글 속의 50대는 끊임없이 글을 쓰고 읽으며 그 답을 찾으려 했고, 후반전의 삶을 준비하며 자신의 존재를 되새겼다. 특히 여성들은 자신의 삶을 찾기 위해 깊이 고민하고, 그 답을 행동으로 옮겼다. 반면 남성들은 직장에서 전성기를 지나 불안한 미래를 대비하는 모습이 자주 보였다. 도서관에서 만난 두 명의 50대 남성의 대화가 떠오른다. 그들은 주택관리사 자격증을 준비 중이었다. "주택관리사 준비하시나 봐요?"라는 짧은 대화 속에서, 나는 그들이 마치 물 위에서는 평온해 보이지만 물 아래에서는 필사적으로 발버둥치는 오리와 같다고 느꼈다. 50대는 40대보다

편해 보이지 않았다. 이제 본격적으로 '나'를 찾기 위한 시간을 준비하는 시기였다.

60대

글 속에서 만난 60대는 가장 바쁜 시기를 보내고 있는 듯했다. 직장을 은퇴한 사람도 있고, 여전히 직장에 남아 있는 사람도 있었다. 그들은 아침 일찍 산책을 하고, 가벼운 운동을 하며 하루를 시작한 후 피아노, 서예, 줌바, 캘리그라피, 글쓰기, 독서와 같은 다양한 활동을 병행했다. 자녀들이 성인이 되어 손주를 보며 인생의 참된 행복을 느끼는 이들도 있지만, 황혼 육아로 인해 고단함을 호소하는 사람도 있었다. 그럼에도 불구하고, 그들이 결코 포기하지 않는 것이 하나 있었다. 바로 글쓰기다. 그들은 글을 통해 자신의 이야기를 남기고, 그것이 삶의 의미를 더하는 방식으로 작용하는 듯했다. 나는 인생의 성패가 예순에 달려 있다고 생각한다. 서른, 마흔, 쉰에 사회적으로 인정받는 순간도 결국 잠깐이다. 퇴직 후에 돌아보면, 그 인연들은 오래 가지 않는다. 예순에 사랑하는 사람이 곁에 없고, 몸이 망가졌다면 그 삶이 성공적이라 할 수 없다. 돈으로 시간을 살 수 없기 때문이다. 그래서 예순이 중요하다. 젊었을 때 치열하게 살아야 예순에 깨달음을 얻을 수 있다. 젊은 시절의 노력과 희생이 필요했다. 그리고 실패와 좌절도 있었다. 예순이 되어서야 비로소 인생 전반기의 성적표를 받는 시기였다.

70대

70대는 이어온 삶의 연속이었다. 살면서 몇 번의 변곡점을 맞을 수는 있겠지만, 일흔에 이르러 새롭게 시작하는 경우는 많지 않다. 교통사고나 큰 병을 겪은 후에 삶이 바뀔 수도 있지만, 대부분의 삶은 이어져 간다. 내가 보는 일흔의 삶은 예순과 그 이전의 삶이 반영된 결과였다. 내 아버지는 일흔 중반이고, 글 속에서 만난 싱싱고님도 비슷한 연배다. 두 분의 삶은 많이 다르다. 아버지는 홀로 아이들을 키우며 경제적 부담을 지셨고, 그 고단한 삶이 여전히 남아 있다. 그런 아버지께 글쓰기나 독서를 권하기는 어려웠다. 아버지는 자신의 기준에 따라 이미 가치 있는 삶을 살아가고 계신다. 반면, 싱싱고님은 늘 새로운 것에 도전하고, 배우며, 미소를 띠고 있다. 그분의 삶은 내가 상상하는 '글이 곧 삶이 되고, 삶이 곧 글이 되는' 그런 일상이다. 나도 일흔에 이르러 그런 삶을 살 수 있을까? 지금부터 그때를 준비해야 한다. 일흔이 되어서도 가슴 뛰는 삶을 살고 싶다는 생각을 했다. 글을 쓰면서 살아갈 수 있었기에 가능했다고 내 나이 일흔에 말하고 싶다.

나이대별로 공통점과 차이점을 살펴보았지만, 내가 말하는 이들은 모두 글을 쓰고 책을 읽는 사람들이다. 그러나 현실에서 글을 쓰는 사람은 많지 않다.(사실은 거의 없다) 책을 읽는 사람도 마찬가지다. 얼마 전 강의에서 한 분이 이렇게 말했다. '원하는 것을 배우고 나를 위해 글을 쓰기에도 시간이 부족한데, 남에게 맞추느라 시간을 낭비하고 싶지 않다.' 그 말이 나에게도 깊이 와 닿았다. 나 역시 오프라인 만남을 거의 하지 않는다. 그 시간을 나를 위해 투자하며 글을 쓰고 또 생각한다. 소모적인 만남보다, 대화의 결이 맞는 온라인 이웃을 선택한다.

단톡방에는 두 가지 불편한 유형이 있다. 첫째, 현실 직장에서 운영되는 단톡방이다. 이 단톡방은 그 자체로 불편하다. 계속해서 알림이 울리고, 신경이 쓰인다. 나갈 수 있다면 나가고 싶지만, 퇴사하지 않는 한 나갈 수 없는 족쇄와도 같다. 둘째는 온라인에서 자기계발을 목적으로 하는 단톡방이다. 이곳도 나름의 불편함이 있다. 성장하는 사람들을 보며 느끼는 조급함이 그 이유다. 다만, 현실과는 다르게 이곳에서는 언제든 나갈 수 있다. 하지만 남아 있다면, 내가 성장하는 방법을 배우게 된다. 처음에는 우월감과 열등감에 마음이 흔들리지만, 시간이 지나 상황에 계속 노출되다 보면 그러한 감정들은 무뎌진다. 그제야 비로소 나는 남을 의식하지 않고 나만의 길을 보게 된다.

억지로 끌려가는 만남은 더 이상 의미가 없다. 모든 인간관계에 충실할 필요는 없다. 나를 위해 선택적인 만남을 추구하는 것은 이기심이 아니라, 내 삶을 더 풍요롭게 만드는 길이다.

은퇴 후 노후를 망칠 수 있는
3가지 착각

은퇴 후의 삶은 누구에게나 새로운 시작과 같다. 그동안 달려온 시간을 돌아보며 여유롭고 행복한 노후를 꿈꾸게 된다. 그러나 은퇴 후의 현실은 종종 기대와 달라 실망하게 되기도 한다. 은퇴는 단순히 직장을 떠나는 일이 아니라, 새로운 삶의 방식을 준비해야 하는 과제이기도 하다. 유튜브 채널 '지식인사이드'에서 김민식 PD님이 소개한 '은퇴 후 노후를 망치는 3가지 착각'은 우리가 흔히 빠질 수 있는 오해를 돌아보게 한다. 각 주제를 소개하며 나의 해석을 더해본다.

1. 퇴직하면 사람들이 날 불러주겠지

직장 생활에서 맺은 관계가 퇴직 후에도 이어질 거라 기대할 수 있다. 그러나 직장 내 관계는 퇴직과 함께 자연스레 멀어지기 마련이다. 팀장, 본부장, 지점장 등 다양한 직위를 거쳤다 하더라도, 은퇴 직전에는 직위를 내려놓고 일반 직원과 같은 위치에서 일을 하다가 퇴직하는 경우가 많다. 퇴직 후에도 회사 동료들이 꾸준히 연락하며 관계를 이어가는 일은 생각만큼 많지 않다. 퇴직 후의 관계에 지나친 기대를 걸면 실망으로 이어질 수 있다. 퇴직 후에는 직장에서의 관계에 대한 기대보다는 새로운 인간관계를 만들어가는 것이 중요하다. 지역 모임이나 동호회, 새로운 커뮤니티에서 인연을 찾는 것도 좋은 방법이다. 소규모 모임이나 취미 활동을 통해 '일이 아닌 곳에서' 만나는 관계를 만들어보자. 실 사례로, 은퇴 후 회사 사람들과 관계를 이어가려 노력했던 한 분은 점차 관계가 줄어드는 것을 느꼈다고 한다. 이후 블로그 활동을 시작해 온라인에서 새로운 사람들과 소통하며 새로운 세상을 접하게 되었다. 지금은 하루 대부분을 블로그에 집중하며 새로운 관계와 경험을 쌓고 있다.

2. 가족들이 나랑 놀아주겠지

퇴직 후 시간이 많아지면 가족들과 더 많은 시간을 보낼 수 있으리라 기대할 수 있다. 하지만 자녀는 학업과 친구 관계에 더 집중하게 되고, 배우자 역시 남편이 갑자기 모든 시간을 함께하려 하면 부담을 느낄 수 있다. 특히 집에서 세 끼를 함께 하며 보내는 시간은 배우자에게 새로운 부담이 될 수 있다. 아이들과 함께 보내는 시간도 '한때'라는 말처럼 잠시일 뿐이며, 그들이 떠난 자리에는 예상보다 큰 공허함이 남을 수 있다. 퇴직 후에도 가족과 적절한 거리를 유지하며 각자의 생활을 존중하는 것이 필요하다. 예를 들어 자녀들과는 주말이나 특정 시간에 만남을 계획하고, 나머지 시간에는 본인의 취미나 활동에 집중하는 것이 좋다. 가족 외에도 개인적으로 소속감을 느낄 수 있는 활동을 찾으면 가족 관계의 부담을 줄일 수 있다.

3. 평생의 로망을 실현할 수 있겠지

은퇴 후 크루즈 여행이나 장기 해외여행 같은 '평생의 로망'을 실현할 거라 기대하는 경우가 많다. 그러나 은퇴 후 로망을 실현해도 생각만큼의 만족을 얻지 못할 때가 있다. 기대하던 여행지에서 오히려 불편함을 느끼거나, 체력적인 한계를 깨닫기도 한다. 또한, 이런 로망은 은퇴 후에만 가능한 것이 아니므로 기회가 있을 때 미리 조금씩 경험해보는 것이 지혜롭다. 은퇴 후의 모든 로망을 미루기보다는 직장 생활 중에도 여행이나 취미 생활을 통해 조금씩 경험하며 자신만의 활동을 만들어가는 것이 좋다. 일상 속에서 소소하게 즐거움을 느낄 수 있는 활동은 노후에도 큰 자산이 될 수 있다.

영상에서는 행복한 노후를 위해 다음 두 가지 전제조건을 강조한다.

1. 내가 자식들의 부담이 되지 않기
2. 자식들 또한 부모의 부담이 되지 않기

이 두 가지 전제조건은 자립적인 노후를 위해 필수적인 요소다. 재정적 자립과 본인만의 생활이 있어야 자녀와의 관계에서도 독립성을 유지할 수 있다. 자녀에게 의존하지 않는 삶은 오히려 자녀와의 관계에도 긍정적인 영향을 준다.

은퇴 후의 삶이 기대와 다를 수 있지만, 일찍부터 자기만의 삶을 준비하는 것만이 노후를 충실하게 만드는 길이다. 직장 생활 중에도 자신만의 취미나 활동을 꾸준히 만들어가고, 블로그처럼 노후에도 지속할 수 있는 활동을 미리 준비하는 것이 중요하다. 이러한 준비가 있다면, 은퇴 후에도 여전히 풍요롭고 활기찬 삶을 이어갈 수 있을 것이다. 일상 속에서 좋아하는 활동을 찾아 소소한 행복을 만들어가자. 준비된 은퇴는 단순한 휴식을 넘어 진정한 즐거움과 만족을 선사할 것이다.

3

예순의 꿈,
그리고 나의 꿈

The best is yet to be, the last of life,
for which the first was made.
가장 좋은 것은 아직 오지 않았다. 삶의 마지막은 처음을 위해 준비된 것이다.
— 로버트 브라우닝

지금 예순에게 '할머니'라는 말은 실례가 될지도 모르겠다. 고령화 시대에서 예순은 인생 후반전을 막 시작하는 초입의 나이이기 때문이다. 자녀가 없다면 '할머니'라는 표현은 더욱 어색하다. 자녀가 있다고 해도 아직 '할머니'로 불릴 준비가 되지 않은 예순들도 많다. '할머니'라는 말 자체가 부정적인 것은 아니다. 다만, '할머니는 이래야 한다'는 사회적 편견이 작용하고 있는 것은 아닐까?

내 주변의 예순 중에는 아직 할머니가 되지 않은 분들이 많고, '할머니'라는 이미지보다는 '나는 아직 젊다'고 말하고 싶은 분들도 있다. 그들은 아직 할머니라기엔 한참 젊다는 것을 세상에 알리고 싶어 한다.

한 가지 특이한 점을 발견했다. 내 수업을 신청하는 사람들은 왜 여성들이 많을까? 단 한 명을 제외하고 전체가 여성이었다. 글을 쓰면서 만난 다른 사람들을 떠올려 보았다. 역시 여성들이 많았다. 혹시 이것이 나에게만 해당되는 경험일까? 또는 일반화의 오류일까? 하지만 내가 아는 글 친구들 대부분도 여성이다. 이 상황이 흥미롭게 느껴졌다. 글쓰기에 대한 성향이 성별에 따라 다르게 나타나는 것일까?

흥미로운 통계를 본 적이 있다. 결혼과 수명에 관한 연구였다. 이 연구는 남성과 여성을 나누어 분석했는데, 결과는 매우 흥미로웠다. 남성은 결혼한 경우 더 오래 사는 경향이 있다. 결혼을 통해 얻는 사회적 지지와 안정감이 남성의 건강과 수명에 긍정적인 영향을 미친다는 것이다. 하지만 여성의 경우는 달랐다. 미혼 여성이 결혼한 여성보다 더 오래 산다는 통계가 나왔다. 여성은 독립적일 때 더 건강하고 오래 사는 경향이 있다는 분석이다.

『만일 나에게 단 한 번의 아침이 남아있다면』 (존 릴런드 지음, 최인하 옮김, 북모먼트, P117)에는 다음과 같은 문장이 나온다.

> 프리드먼과 마틴은 총 80년에 걸쳐 1,500명의 캘리포니아 주민들을 추적한 연구에서 다음과 같은 사실을 발견했다. '남편이 먼저 세상을 떠난 여성들은 잘 지내는 편이었다. 그들은 여전히 남편과 함께 사는 여성들에 비해 더 오래 살았다.' 그들은 사람들과 잘 지냈고, 자녀들을 잘 키웠으며, 아픈 남편을 돌보며 미뤄둔 일들을 처리했다. 하지만 아내를 잃은 남편들은 머지않아 뒤따라 사망하는 경우가 많았다.

이 통계는 중년 이후의 여성들이 서서히 자신을 발견하기 시작하는 과정을 잘 설명해준다. 젊은 시절에는 가족을 위해 헌신하지만, 아이들이 성인이 되어 더 이상 부모의 손길이 필요하지 않게 되면, 그때서야 비로소 자신만의 시간을 되찾기 시작하는

6장

것이다. 그 시점에서 글쓰기는 여성들에게 자신을 재발견하는 강력한 도구가 될 수 있다. 많은 여성들이 인생의 두 번째 장을 여는 데 있어 글쓰기를 통해 스스로를 표현하고, 자신만의 목소리를 찾는 과정에서 큰 만족을 얻는 것은 자연스러운 일일 것이다.

예순에 이르러 글을 쓰기 시작해도 결코 늦지 않다. 오히려 그때는 인생을 깊이 이해하고 경험을 글에 녹여낼 수 있기에 글이 더욱 성숙해질 것이다. 평생 은퇴할 수 없는 직업 중 하나가 바로 글을 쓰는 작가다. 마흔에 글쓰기를 시작한 나는 참 다행이라고 느낀다. 아흔이 되었을 때도 내 고민은 단순했으면 좋겠다. '내일은 무슨 글을 쓸까?'라는 질문에 답을 찾으며 하루를 맞이하는 삶. 그것이 내가 꿈꾸는 작가의 모습이다.

4

어른이 된다는 것

시간이 지나면 해결되는 것들이 있다. 내가 어린 시절에 바라본 마흔 살은 큰 산과도 같았다. 아버지의 존재로 각인된, 내 나이 열 살 무렵 기억하던 마흔은 그랬다. 그래서 나는 빨리 어른이 되고 싶었다. 무엇보다 독립하고 싶었다. 스무 살이 되자마자 가장 먼저 한 일도 독립이었다. 서른이 넘어 다시 어른에 대해 생각해 보았다. 외형적인 성장 외에는 무엇이 달라졌을까? 30대가 되어도 10대 때의 감정이나 느낌과 크게 다르지 않다는 생각을 자주 하곤 했다.

이제 마흔을 지나며 다시 돌아보니, 내가 열 살에 산처럼 보았던 그런 마흔은 없었다. 대신 책임져야 할 것들이 많아지고, 견뎌야 할 일들이 늘어났다. 어른이 된다는 것은 생각했던 것처럼 드라마틱한 변화가 아니었다. 그저 더 많은 책임과 인내가 요구되는 것이었다. 적어도 나에게는 그랬다.

응가가 마려워 참지 못하는 다섯 살 아들이 있다. 반찬 투정을 부리며 밥을 거부하는 아홉 살 아이도 있다. 아이들을 바라보며 다시 어른이 무엇인지 생각하게 된다. 응가가 마려워도 참아야 하고, 반찬이 마음에 들지 않아도 현실에 맞춰 먹어야 한다. 그것이 어른이다. 반찬 투정을 하는 아이는 그냥 놔두면 된다. 지켜보다 보면 결국 밥을 먹게 될 것을 안다. 그 시간을 견디고 지켜보는 것이 어른이다. 그래서 어른에게 필요한 덕목 중 하나는 '인내심'일 것이다.

어른은 필요한 것을 얻기 위해 다양한 방법을 찾을 수 있다. 그 방법에 맞춰 스스로 노력할 수 있는 힘도 가지고 있다. 누구에게나 공평하게 주어진 시간을 어떻게 활용할지는 온전히 자신의 선택에 달려 있다. 그리고 그 선택의 결과로 얻게 되는 대가는 서로 다를 수 있음을 받아들여야 한다. 어쩌면 어른이 된다는 것은 생각이 유연해지는 과정일지도 모른다. 어른이 된다는 것은 키가 자라는 만큼 마음의 크기도 함께 커져야 한다고 생각한다. 너무 잘하려고 애쓰지 말자. 지나고 나면 어느새 어른이 되어 있을 것이고, 꾸준히 하다 보면 자연스럽게 성장해 있을 것이다.

예순에서, 일흔이 되고, 다시 여든이 되어갈수록 많은 돈을 욕심내지 않는다. 집을 사고 팔며 시세 차익을 기대하는 욕심도 없고, 더 큰 집을 갖고 싶다는 욕망도 점차 사라진다. 아이들의 시험 기간을 걱정할 필요도 없고, 남편의 퇴근을 기다리며 반찬을 챙기는 일에도 신경 쓰지 않는다. 손주들이 반갑지만, 며칠 머무르면 언제 돌아갈지 궁금해지고, 자식들이 외출할 때 손주를 맡기면 체력이 소진된다. 자기만의 생활이 없는 사람이라면 그런 일마저도 반가울 수 있겠지만, 어쩌면 또래의 친구들과 소통하며 담소를 나누는 시간이 더 소중해질지도 모르겠다.

이제는 자식이 효도하는 시대는 끝났고, 부모가 자식을 책임지는 시대는 더더욱 아니다. 내 삶을 지탱해 나갈 버팀목은 내가

6장

쥐고 있어야 한다. 우리 부모님이, 우리 가족이 이런 일상의 패턴을 지닌다는 것을 자식들도 알 필요가 있다. 그래야 자식들도 부모를 배려할 수 있을 것이다. '부모님이 적적하실 테니 며칠 더 계시라 할까?' 혹은 '손주 좀 보시라고 맡겨볼까?' 같은 생각을 하지 않을 것이다.

> 어른이 된다는 건, 계기판은 210km까지 있지만
> 60km으로 밖에 달릴 수 없는 것
> < 영화, Love Me If You Dare >

이 문장을 한참 바라보며 생각에 잠겼다. 어떤 의미일까? 속도에 맞춰 달려야 한다는 뜻일까? 속도를 조절하며 가야 한다는 뜻일까? 둘 다 아니라는 결론에 이르렀다. 어른이 된다는 것은, 가능성과 능력이 충분해 보이지만 현실의 한계와 제약 속에서 살아가야 한다는 게 내 해석이었다.

어릴 때는 모든 것이 가능해 보이고, 이루지 못할 것이 없어 보인다. 그러나 어른이 되면 책임과 의무, 그리고 현실적인 제약 때문에 자신의 능력을 다 펼치기 어려운 순간이 많아진다. 꿈과 이상은 크지만, 현실 속에서는 그만큼 속도를 내기 어려워져, 더 신중하게 살아가야 함을 상징적으로 나타낸 표현이다.

　어른이 된다는 것은, 때로는 욕망이나 꿈을 조율하고, 안정적이고 지속 가능한 속도로 인생을 살아가는 것을 의미하기도 한다. 단순히 나이가 든다는 의미가 아니다. 어른이 된다는 것은 자신의 한계를 인정하고, 그 안에서 인내하며, 시간을 믿는 과정이다. 때로는 삶이 210km로 달릴 수 있을 것 같아도, 우리에게 허락된 속도는 60km일 뿐이다. 그 속도에 맞춰 스스로를 다독이고, 현재를 견디다 보면 어느새 우리는 어른이 되어 있을 것이다. 결국 어른이란, 자신의 삶을 주도하고 그 책임을 감내하며, 인내와 유연함을 배워가는 존재다.

6장

마흔이 예순에게
해 주고 싶은 말

To be seventy years young is sometimes far more cheerful and
hopeful than to be forty years old.
일흔 살에 젊다는 것은 때로
마흔 살에 늙었다는 것보다 훨씬 더 밝고 희망차다.
― 올리버 웬델 홈스 시니어

현실에서의 예순은 직장에서 책상 끝에 앉은 어른이다. 밀려
나기 쉬운 자리에 앉아 있지만, 그 자리는 물리적인 공간이 아
닌, 눈에 보이는 상징적인 자리다. 퇴직이 1년, 아니 몇 개월 남
은 상황이면 모든 직책에서 배제되기 시작한다.

퇴직을 앞둔 예순의 모습은 군대 말년 병장을 떠올리게 한다.
좋은 위치에 침상을 배정받았지만, TV 리모컨은 쥘 수 없다. 볕

이 잘 드는 자리에서 눈치가 보이기 시작한다. 아무도 자리를 바꾸라 하지 않지만, 스스로 다른 곳으로 옮긴다. 불합리한 상황을 봐도 쉽게 말하지 못한다. 분대장이나 실세 병장, 상병들은 그의 말을 귀담아듣지 않는다. 예순의 직장 생활도 이와 비슷할 것이다. 이제 그들에게 '꼰대'라는 별명조차 붙지 않는다. 관심이 점점 줄어들기 때문이다.

현실 속 예순들은 가부장적 사고방식에 익숙하지만, 빠르게 변하는 시대에 적응해야 한다. 그 변화 앞에서 혼란스러울 수밖에 없다. 이 글을 쓰면서 예순을 훌쩍 넘긴 일흔 중반의 아버지가 떠올랐다. 예순의 현실을 돌아보고, 준비 없이 맞이할 뻔 한 내 미래를 생각하니 마음이 조금 독해졌다. 지금은 예순에 대해 이야기하고 있지만, 실은 더 주목해야 할 세대는 서른과 마흔이다. 오늘날 정년은 예순이지만, 앞으로는 비자발적 퇴직이 훨씬 더 흔해질 것이다. AI와의 경쟁에서 밀려나는 사람들은 평균 이하로, 그 흐름을 타고 올라가는 사람들은 평균 이상으로 나뉠 것이다.

군대를 다녀온 남성과 일반적인 여성 기준으로, 25세에 취업

한다고 가정해보자. 정년은 점점 짧아지겠지만, 60세까지 일한다고 해도 35년간 일한다. 설령 정년 보장이 된다고 해도 35년이다. 그렇다면 60세에 퇴직한 후, 남은 인생은 얼마일까? 100세 시대라면 남은 시간이 더 길다. 95세까지 산다고 해도 남은 인생은 35년이다. 무슨 이야기를 하려는지 감이 올 것이다. 전반기는 일을 하며 보냈고, 후반기에는 그냥 놀 수만은 없다. 아니, 놀기만 하는 것도 결국 지치게 된다. 그래서 나는 후반기에도 일을 해야 한다고 생각한다. 그 일이 나에게는 글쓰기였다.

예순을 맞이했거나 곧 예순이 될 분들께 바라는 마음이 있다. 부드럽게 세상을 수용할 수 있는 사람이 되었으면 좋겠다. 부족하지만 나도 그렇게 되기 위해 노력할 것이다. 우리가 가장 마음을 열고 베풀 수 있는 대상은 누구일까? 첫 번째는 아이들이다. 그들의 순수함에 어른으로서 책임감을 느낀다. 아이들에게 질투하거나 시기하는 어른은 없다. 아이의 첫 걸음에 미소 짓고, 해맑은 웃음에 우리의 고민이 눈 녹듯 사라진다. 내 자식이 아니더라도 도움을 청하는 아이를 외면할 성인은 드물다.

아이들처럼 마음을 열고 베풀 수 있는 또 다른 대상은 누구일까? 바로 예순, 일흔, 여든의 어른들이다. 그들을 지켜보는 스물, 서른, 마흔의 세대들에게 말이다. 하지만 전제가 있다. 자신을 낮추고 수용할 수 있어야 한다. 예순이 되어 도움을 청할 수 있는 사람이라면, 다음 세대는 기꺼이 손을 내밀어 줄 것이다.

　삶의 궤적이 얼굴과 표정에 새겨진다는 걸 깨달았다. 할머니가 돌아가신 후, 친척들과의 교류는 자연스럽게 줄어들었다. 장례식이나 결혼식 같은 큰일이 아니면 만날 기회가 없었다. 얼마 전, 친척 한 분의 부고 소식을 들었다. 그분은 선량했고 오랜 병환 끝에 마지막을 맞이하셨다. 어린 시절, 그분이 내게 베풀어 준 정이 크고 깊었다. 안타까운 마음으로 장례식장에 갔다. 5년 넘게 보지 못했던 친척들이다. 아이들은 성인이 되어 있었고 어른들은 많이 늙어 있었다. 그중에는 여전히 선한 미소를 간직한 분도 있었다. 어떤 얼굴은 생의 고난을, 또 다른 얼굴은 현실의 행복을 품고 있었다. 그 얼굴들은 예순과 일흔의 시간이 남긴 흔적이었다.

　또 다른 예시를 들어보겠다. 주차장 키오스크 정산기 앞에 선 예순을 보면 딱 세 가지 유형으로 나뉜다.

6장

첫째, 끝까지 도움을 거부하는 예순이 있다. 그들이 키오스크 정산을 제대로 마무리했는지 알지 못했다. 내가 다른 정산기를 사용했기 때문이다. 도움을 청하는 사람도 마음이 불편할 수 있지만, 도움을 주고 싶은 마음 역시 쉽게 표현되지 않는다. 뒤에 사람의 눈치를 보면서, 자기 고집을 피우고 현실의 도움을 거부하는 유형이다. 그들의 주름은 표정을 따라 흘러간다.

둘째, 마지못해 도움을 받는 예순이 있다. 그는 이렇게 말한다. '내가 하려고 했는데…' 또는 '나도 할 수 있는데…'라며 마지못해 도움을 받는다. 조금 어색한 표현이지만 첫째보다는 낫다.

셋째, 미소를 지으며 '아이고, 고맙습니다'라고 말하고, 끝난 후에도 감사 인사를 잊지 않는다. 도움을 주는 사람도 덩달아 미소 짓게 만든다.

인생의 절반을 보낸 예순이라면, 이제는 마음을 열어 다가오는 도움을 반갑게 맞이했으면 좋겠다. 그리고 예순 이후에도 가슴 뛰는 내일을 꿈꾸는 삶을 살자. 그 방법은, 내가 아는 한 글쓰기만큼 좋은 것은 없다.

6

예순이 마흔에게
해 주고 싶은 말

예순의 친구들이 내게 해 준 말이 있다. 마흔의 나는 현실에
지쳐 있었고, 미래가 불안했다. 그들의 위로와 당부를 대화 형식
으로 풀어 본다.

예순 친구 1

마흔을 지나 예순에 이르러보니 그동안 참 많은 길을 걸
었고, 때로는 길을 잃기도 했지요. 그런데 지금 돌아보니
알겠더군요. 몸이든 마음이든 아플 땐 충분한 시간이 필
요하다는 걸요. 급하게 달릴 필요 없습니다. 천천히 걸어

도 괜찮습니다. 나중에 돌아보면 그 느린 걸음도 모두 소중할 거예요.

예순 친구 2

몸과 마음이 힘들 때는 잠시 멈추고 충분히 쉬어가세요. 스스로를 재촉하지 마세요. 모든 것은 결국 지나가게 마련입니다. 몸이 아프다는 건 내 몸이 나에게 보내는 신호입니다. 그 신호를 받으면 잠시 멈추어도 됩니다. 하루아침에 나아지기는 어렵지만, 우리에게는 시간이 있지 않나요? 나중에 보면 그 시간이 꼭 필요한 시간이었다는 걸 알게 될 거예요.

예순 친구 3

우리 모두가 늘 서둘러 살았지요. 그런데 예순이 되어도 조급한 마음은 남아 있더군요. 그러나 이제는 알게 되었습니다. 조급한 마음조차도 내 삶의 일부로 받아들이는 것이 필요하다는 걸요. 정말 중요한 것은 결국 시간을 믿는 것입니다. 때로는 멀리 보고, 필요 없는 건 과감히 내려놓으며 나아가도 괜찮습니다. 마음의 여유가 있어야

빛이 스며들어 그 자리를 따뜻하게 밝혀주거든요.

예순 친구 4

돌아보면 저도 언제나 '지금이 전부'라고 생각하며 두 걸음씩 앞서가려다가 넘어졌습니다. 그런데 이제 깨달았습니다. 한 걸음씩 가면 넘어지지 않는다는 걸요. 작은 발걸음들이 모여 결국 길이 됩니다. 그리고 그 길을 묵묵히 걸어가다 보면 어느 순간 사람도, 시간도, 환경도 함께 어우러져 하나가 됩니다. 그러니 서두르지 마세요. 천천히 가셔도 충분히 아름다운 길입니다.

예순 친구 5

하나 꼭 말씀드리고 싶은 게 있습니다. 자신에게 조금 이기적이어도 괜찮아요. 스스로를 먼저 돌보는 사람이 남에게도 진정한 의미에서 이타적이 될 수 있습니다. 내 마음에 여유가 없으면 다른 사람을 여유롭게 바라볼 수도 없더군요. 몸과 마음을 회복할 시간을 충분히 주세요. 힘든 시간을 온전히 겪고 나서야 진짜 긍정이 피어나는 걸 느낄 수 있습니다.

6장

예순 친구 6

긍정이라는 것은 억지로 만들어지는 것이 아닙니다. 힘든 일을 겪고 나면, 긍정은 어느새 자연스럽게 찾아오지요. 중요한 건 그 시간을 주고 묵묵히 견디는 것입니다. 살짝 굽은 길이 더 안전한 법입니다. 평탄한 길은 때로는 오히려 우리를 제자리에 머물게 하지요.

예순 친구 7

어느 자료에서 보니 노화가 40대 중반부터 60대 초반까지 급격히 진행된다고 하더군요. 그 말을 듣고 나니 지금 겪는 변화가 더 자연스럽게 느껴졌습니다. 이제는 제 몸과 마음을 있는 그대로 받아들이고, 충분한 시간을 주고 있습니다. 아침마다 거울을 보며 스스로에게 한 번씩 미소를 지어 보세요. 그 작은 노력이 쌓이면 분명 나아질 겁니다.

예순 친구 8

변화를 받아들이고, 시간을 주는 지혜가 참 중요하다는 걸 알게 되었습니다. 올라가는 일이 힘들더라도 굳이 급하게 달릴 필요는 없습니다. 천천히 하산하며 주변의 풍경을 즐기는 것, 그게 진정한 인생의 아름다움입니다. 올라가기만 하는 산은 없습니다. 내려올 때를 대비해야 하고, 내려오면서 석양을 볼 수 있는 여유가 있다면 그걸로 충분합니다.

예순 친구 9

인생의 모든 문제를 한꺼번에 해결하려 하지 마세요. 그 과정에서 배우고 성장하는 것이 진정으로 중요합니다. 시간을 믿고, 그 과정에서 더 단단해질 자신을 믿으세요. 그러면 지금의 경험들이 언젠가 지혜가 되어 여러분을 빛나게 해줄 겁니다. 조급해하지 마시고, 자신의 시간을 믿어 주세요. 마흔의 미래는 이미 지금부터 만들어지고 있습니다.

'좋아하는 일을 해야 한다.' 요즘 내게 가장 자주 다가오는 말이다. 좋아하는 일이란 무엇일까? 가슴이 두근거리고, 나를 설레게 하는 일이 아닐까? 나는 좋아하는 일과 해야 하는 일의 경계에 서 있다. 이 경계를 넘기 위해서는, 좋아하는 일을 하기 위해 수많은 하기 싫은 일도 감수해야 한다는 말을 들었다. 그럴지도 모른다. 그러나 수많은 하기 싫은 일을 지나쳐, 결국 좋아하는 일을 만나게 되는 순간도 있을 것이다.

직장, 글쓰기, 가정이라는 세 가지를 모두 완벽히 해낼 수 있을까? 많은 사람들이 집중력과 우선순위만으로 모든 것을 해결할 수 있다고 말한다. 하지만 현실은 그렇게 간단하지 않다. 때로는 모든 걸 완벽히 해내려는 욕심이 우리를 지치게 하고, 오히려 본질을 놓치게 만든다. 그렇다고 해서 반드시 하나를 포기해야만 한다고는 생각하지 않는다. 중요한 것은 내가 진짜 무엇을 원하는지, 무엇에 집중해야 하는지를 명확히 하는 것이다. 모든 일을 다 잘하려는 마음이 우리를 갈팡질팡하게 만들 수도 있지만, 그 마음을 현명하게 다룬다면 각 영역에서 균형을 찾는 것도 가능하다. 때로는 우선순위를 조정하거나, 한 가지에 조금 더 집중하는 선택이 필요할 뿐이다.

지금 나는 그런 선택의 순간 앞에 서 있다. 좋아하는 일을 하고 있는가? 그것을 얼마나 간절히 원하는가? 이 질문이 머릿속을 맴돈다. 모든 것을 포기하거나 하나만 선택하라는 뜻은 아니다. 오히려 자신만의 선택 속에서 균형을 찾으라는 의미일 것이다. 내가 진정으로 중요하게 여기는 것들을 더 잘 다룰 방법을 찾으라는 메시지일지도 모른다. 마흔, 이제는 내 삶의 균형과 방향을 새롭게 정립할 시간이다.

누군가 내게 이런 질문을 한 적이 있다. '왜 60대를 대상으로 한 다섯손가락 강의를 시작하게 되었나요?' 나는 잠시 머뭇거렸다. 그리고 첫 기억으로 돌아가 이렇게 답했다.

"처음엔 내가 무엇을 잘하는지 고민했어요. 사실, 속도가 빠른 인플루언서가 되기는 어렵다고 생각했죠. 직장과 육아를 병행해야 했고, 새로운 일을 빠르게 익히는 것도 어려웠으니까요. 무엇보다 독서를 통해 채워야 할 시간도 필요했어요. 그러다 문득, 내가 들어갈 수 있는 문은 어디일까라는 질문을 던졌어요. 주변에 60대 이상의 이웃들이 많았고, 그분들과 대화할 때 내가 얼마나 즐거운지 깨닫기 시작했죠.

자연스럽게 입 꼬리가 올라가는 걸 느낄 정도였어요. 현실에서 어르신들과 소통하고 그분들을 돕는 일이 참 좋았어요. 키오스크 앞에서 머뭇거리시는 어르신들을 보면 자연스럽게 다가가 도움을 드리곤 했죠. 그분들이 무안하지 않도록 말하는 방법을 고민하고, 도와드리면서도 예의를 지키려고 노력했어요. 그런 경험들이 쌓이다 보니 내가 잘할 수 있는 일이 무엇인지 알게 되었어요. 블로그를 어려워하는 60대에게 운영 방법을 알려드리고, 그분들과 소통할 수 있는 기회를 만드는 것이었죠. 예순, 일흔의 어르신들이 글을 쓰는 모습을 자녀와 손주들이 지켜보는 장면은 정말 감동적이었어요. 강의를 하다 보면 눈물이 차오르는 순간도 많아요. 비슷한 내용을 반복하더라도, 할 때마다 감동은 새롭게 다가왔습니다."

이런 경험들이 차곡차곡 쌓이면서, 나는 내가 가야 할 길을 확신하게 되었다. 그리고 내가 가장 잘할 수 있는 일이었다. 마흔의 내가, 예순의 내 모습을 상상하며 미래의 나에게 편지를 써보고 싶어졌다. 아마 이렇게 되어 있지 않을까?

더블와이파파, 이제 나도 예순이 되었구나.

이제 '파파'라는 이름이 어색할지도 모르지만, 아이들이 성인이 된 지금도 여전히 따뜻한 마음을 가진 파파로 남아 있다는 게 참 다행이다. 나의 길을 함께 걸어준 이들과 이어져 있다는 것이 참 감사하구나.

다섯손가락 강의를 처음 시작했을 때가 아직도 생생하다. 그때 만난 소중한 이웃들과의 인연이 15년이 넘게 지속되고 있다는 게 내겐 큰 축복이다. 그때보다 훨씬 더 많은 경험을 쌓았고, 깊어진 세월이 나를 뒷받침해 주고 있어 마음이 한결 편안하다.

확언 노트를 다시 펼쳐보니, 예전에는 막연하게 그렸던 꿈들을 하나하나 이뤄내고 있는 나 자신을 발견하게 된다. 100만 명의 사람들에게 긍정적인 영향을 미치는 인플루언서가 되었고, 복지관에서 어르신들께 블로그를 가르치며 배움의 기쁨을 나누고 있다. 10권의 베스트셀러를 출간했고, 졸업한 대학에서 인플루언서 학과의 교수로 강의를 하고 있는 지금의 나는, 과거의 내가 꿈꾸기만 했던 모습을 현실로 살고 있다.

누군가 내게 '60세가 가장 좋을 것이다'라고 말해주었던 그 이유를 이제야 비로소 알 것 같다. 40대의 나였기에 지금의 내가 누리는 이 풍요로움과 여유를 선물할 수 있었구나. 그때는 현실의 무게에 고민도 많았지만, 먼 미래를 내다보며 미래의 나를 위해 선택했던 그 모든 순간들이 결국 지금의 나를 만들어 주었다.

보령 앞바다에 한적한 별장을 두고, 좋아하는 글쓰기와 독서에 몰두하며 살아가는 지금의 내 삶을 보니, 40대의 나의 선택이 얼마나 의미 있었는지 새삼 깨닫게 된다. 처음부터 함께해 준 이웃들과 여전히 끈끈한 관계를 이어가고 있다는 사실도 큰 기쁨이다. 그때의 선택들이 지금의 나를 얼마나 충만하게 해주었는지 생각할수록 마음이 따뜻해진다.

이 편지를 읽고 있는 60세의 내가, 40대의 너에게 전하고 싶은 말이 있다. "너는 정말 잘 해냈다. 그리고 지금도 잘하고 있다. 계속해서 네가 사랑하는 일을 찾아 그 길을 걸어가라. 너의 길이 더욱 빛나고 있음을 믿어도 좋다."

에
필
로
그

60대나 70대에게 동년배의 친구들만 있다는 것은, 그들의 삶을 한정된 틀에 가두겠다는 것과 같다는 생각을 한다. 지금 세대보다 20~30년 후에는 더욱 좁아진 세계에서 살아가게 될 가능성이 크다. 지혜와 진리에 대한 탐구 없이는 관계의 폭을 넓혀나가기 어렵다. 이러한 이유에서 나는 글쓰기가 그 방법 중 하나라고 생각한다. 특히 세대를 넘나들며 소통할 수 있는 글쓰기, 예를 들어 블로그가 좋은 도구가 될 수 있다.

블로그를 통해 다양한 세대와 경험을 나누면서 우리는 서로의 나이를 잠시 잊는다. 서로 다른 삶의 경험 속에서 에너지를 얻고, 내 삶의 기준점을 탈피하는 순간을 맞이하게 된다. 예순의 지혜는 스물, 서른, 마흔, 그리고 쉰에게 큰 가르침을 주고, 일흔과 여든에게서는 앞으로의 삶에 대한 배움을 얻을 수 있다.

마흔이 예순의 글을 읽으며 자신이 걸어갈 길을 배워나가듯, 예순도 마흔과의 관계를 통해 새로운 관점과 방법을 익힐 수 있다. 세대 간의 상호 작용이야말로 관계의 폭을 키우고, 더 풍부한 삶을 만드는 열쇠가 아닐까 싶다. 나이가 드는 것에 대한 두려움이 아니라, 다양한 세대와 소통하며 성장하는 것, 그 자체가 진정한 지혜의 길이라 생각한다.

이 책에 등장한 예순의 친구들을 만나기 전까지 나는 예순의 삶을 깊이 생각해 본 적이 없었다. 아홉 살 때 마흔의 아버지를 보며 나도 마흔이 되고 싶다고 생각했지만, 막상 마흔이 되어도 크게 달라진 것은 없었다. 책임감이 늘고 어깨는 무거워졌지만, 그 이상의 특별한 변화는 없었다. 그래서 나는 예순이 되어도 삶의 큰 변화가 없을 것이라고 생각했다.

그러나 글에서 만난 예순의 삶을 보며 그 생각이 달라졌다. 나도 예순이 되었을 때 이렇게 살고 싶다는 마음이 들었다. 세월 속에서 축적된 지혜를 나 역시 다른 세대와 나누고 싶었다. 예순이 된다는 것은 단순히 나이가 드는 것이 아니라, 그 시간 속에서 새로운 깨달음을 얻는 과정임을 깨닫게 되었다.

물론, 예순도 아프고 힘들다. 자기 연민에 빠지기도 하고, 때로는 혼자 눈물을 삼키기도 한다. 왜 그렇지 않겠는가? 나는 예순이 되어서도 마흔의 생각과 신념이 크게 달라지지 않을 것임을 알고 있다. 그래서 지금의 마흔이 예순으로 이어지는 중요한 징검다리 역할을 한다. 그래야만 그 나이에 조금 더 편안한 마음을 얻을 수 있을 것이다. 주름은 얼굴 표정에 따라 변한다는 것을 느끼며, 나의 주름이 인자한 미소의 연장선으로 펼쳐지기를 꿈꾼다.

온라인에서 맺어진 관계의 가장 큰 장점은 무엇일까? 바로 시간과 공간의 제약을 뛰어넘는다는 점이다. 강의는 끝났지만 우리의 이야기는 여전히 이어지고 있다. 매일 글로 안부를 묻고 삶의 조각들을 나누는 이 관계는 내 삶에 깊은 울림을 준다. 내가 예순에게 전하고 있는 두근거림을 일흔과 여든, 그 너머까지도 이어가고 싶다. 그리고 나는 그 지혜를 건너받기를 바란다. 그분들과 함께 만든 이야기가 내 삶의 가장 따뜻한 기록으로 남길 희망한다.

"관계를 유지하려면 인성과 실력이 모두 필요하다." 이 말에 나는 깊이 공감한다. 진심이 없으면 관계는 쉽게 무너지고, 배울 점이 없으면 서로에게 의미를 주는 양방향 관계를 지속하기 어렵다. 균형을 잡는 일이 쉽지 않지만, 시간이 흐를수록 그 말의 무게를 실감한다. 예순이 마흔보다 가진 것이 많지만, 그중에서도 가장 귀한 것은 사람을 보는 통찰력이다. 나 역시 그분들의 성장을 위해 나 자신을 더욱 단단히 세워야 한다. 지치지 않고 계속 걸어갈 수 있는 이유는 분명하다. 그분들의 성장이 곧 내 성장이기 때문이다. 내 시간을 아낌없이 쓸 수 있는 이유는 그분들과 내 입가에 번지는 미소가 그것을 증명해 준다.

한 번은 집에 소포가 도착했다. 어떤 날은 귤 한 상자, 또 어떤 날은 쌀 한 포대, 고추장과 멸치, 직접 농사지은 농산물까지. 소포마다 정성이 가득 담겨 있었다. 엄마의 정을 모르고 자란 나는 마흔이 되어서야 비로소 엄마의 정을 느끼게 되었다. 나는 아내에게 말했다. "시골에 엄마가 여러 분 계신다고 생각하자고." 그 말을 하며, 뜨거운 감정이 밀려와 내 눈가가 촉촉해졌다.

문득 이런 생각이 들었다. 내가 예순이 되면, 그분들은 여든이 된다. 세월이 흘러 우리 앞에도 생의 마지막을 마주해야 할 순간이 찾아오겠지. 그날이 오기 전에, 지금 우리가 나누는 대화와 함께하는 시간이 서로의 가슴속에서 빛나는 추억으로 남기를 간절히 바란다. 지금 이 순간도, 언젠가 지나온 삶을 돌아볼 때 작은 미소로 떠올릴 수 있기를.

관계를 통해 배운 한 가지가 있다면, 진심으로 사람을 대하는 일이 결국은 나를 치유하는 일이란 점이다. 그분들의 성장은 내 성장의 이유가 되었고, 나의 노력이 그분들에게 기쁨이 될 때 내 삶의 깊이는 더욱 풍성해졌다. 이 관계가 나를 한 걸음 더 나아가게 하고, 또 다른 꿈을 꾸게 한다. 그래서 나는 오늘도 기꺼이 성장하기 위해 노력한다.

삶이란 결국 서로에게 남긴 따뜻한 흔적이 아닐까? 언젠가 우리가 나눈 이야기가 누군가에게 큰 위로와 미소가 되기를 바라며, 나는 오늘도 이 길을 묵묵히 걸어간다.

이 책을 읽은 당신에게도 따뜻한 마흔과 예순과의 대화가 가슴속 깊이 오래 남기를 바란다.

끝으로 전하고 싶은 말

당신이 서른이라면, 이 책은 당신이 마흔을 더 의미 있게 준비할 수 있도록 도와줄 것입니다. 서른의 열정으로 마흔을 향해 나아가세요.

당신이 마흔이라면, 이제 삶의 중심에 서 있습니다. 지금부터 건강한 노후를 위해 자신을 돌보고, 소중한 사람들과의 시간을 더 아끼세요. 지금이 바로 그 순간입니다.

당신이 쉰이라면, 지나온 세월이 조금씩 이해되기 시작했을 겁니다. 예순의 지혜가 보일 때, 그것을 흘려보내지 말고 당신 것으로 만드세요. 당신은 충분히 그럴 수 있습니다.

당신이 예순이라면, 이미 많은 경험과 지혜를 쌓았습니다. 이 책의 친구들의 이야기 속에서 과거와 미래를 모두 읽을 수 있을 겁니다. 지금도 늦지 않았습니다. 새로운 도전을 시작해 보세요. 길을 찾지 못하면 저에게 노크하세요. 도움의 손길은 언제나 있습니다.

당신이 일흔이라면, 지난 삶의 추억이 이제 당신 곁에 머물 것입니다. 그 추억을 글로 남겨보는 것은 어떨까요? 당신의 이야기는 누군가에게 소중한 길잡이가 될 것입니다.

당신이 여든이라면, 이제 삶의 모든 지혜를 나눌 때입니다. 당신의 이야기와 경험이 세상에 큰 힘이 될 수 있습니다. 그리고 그 여정에 제 이야기가 작은 도움이 될 수 있다면, 이보다 더 큰 기쁨이 있을까요?